JN312385

教師と親の「共育」で防ぐ

いじめ・学級崩壊

小谷川元一◎著

大修館書店

はじめに

私は、二〇〇七年三月、二十五年間にわたる小学校教師生活にピリオドを打ちました。時あたかも、いじめや学級崩壊の問題が噴出し、教育現場は課題山積のこの時期に退職することは、後ろ髪を引かれるような複雑な思いがこみ上げたことも事実です。しかし、この先私が教育できる子どもたちの数には限りがあります。ならば、今後私が未来を担う教師を育て、その教師たちが力強い実践で、教育受難期を乗り切ってもらう方が有効ではないかと考え、決断したのです。本来ならば、退職を契機に今までのエピソードや写真などを盛り込んだ教育実践記録をまとめたかったのですが、もう少し頭を冷やし、冷静に自分の実践の善し悪しを振り返ることができる時期が来たら、筆を執りたいと考えております。

そこで本書は、教育界の今日的課題である、「いじめ」と「学級崩壊」の二つにターゲットをあて、青年教師やこれから教職をめざす学生が、昨今むずかしくなったと言われる、親との連携を上手に図りながら、課題解決に進むためのヒントをまとめてみました。

新聞やテレビでいじめに関する報道を目にする度に、私は心が痛みます。様々な立場のコメンテーターは、「いじめは絶対に許されない」「いじめた子を厳罰に」などと声高に叫んでいます。私も概ね同感ですが、少々違和感を受けることも事実です。なぜなら、遊び半分のからかいやふざけ半分の言葉までもいじめと認識するのであれば、私も子どもの頃、いじめをしていたのではないかと思えるからです。「かくれんぼ」や「鬼ごっこ」、下校途中の「カバン持ち」。自分より弱い立場の子に、苦痛を与えていたかもしれません。大人はいじめの問題を子どもたちだけの問題として上から事態を見ている気がしてならないのです。はたして、胸を張って自分は絶対にいじめをしていなかったと言える大人はいるでしょうか。発達未分化な子どもであるが故に教育が必要なのです。教師や親はもちろんのこと大人たちの全てが、自らの問題であるとの認識に立たない限り、この問題は永遠に解決できないのではないでしょうか。

学級崩壊も同様で、今日の学校の惨憺たる現状を憂えた大人は、「昔の学校は厳しかった」とか「昔の教師は威厳があった」などと前置きした上で、「今の学校は生ぬるい」、「教師はもっと厳しくしろ」と学校批判、教師批判が次々と飛び交います。では、学校や教師が威厳を保ち、厳しくできなくなった原因はどこにあるのでしょうか。教師に信念がなくなったことばかりが原因ではないようです。学級崩壊は大人社会の崩壊を如実に表しているものかもしれません。

子どもの可能性は無限です。教師という仕事は、子どもの潜在能力を引き出し、夢を実現する礎を築くことなのかもしれません。私は、どこにでもいる平凡な教師です。教え子に支えられないとやってこられなかった駄目教師です。でも、こんな私でさえ、今日の子育てや教育の惨状を憂いて、勇気を出して一冊の本をまとめる覚悟を決めたのです。数多くの教師や親が、「このままではいけない」と考えている昨今、問題点を整理し具体的に動いてみることが何よりも大切だと思ったからです。本書は、私の拙い経験の中で、有効性が実証された子育て・教育法の提言集ともいえます。親の価値観が多様化し、教育力不足が深刻化していると言われるこれからの時代には、〝学校教育が万能ではない〟との認識の上に立ってまとめてみました。

私は、教え子の親や「こたにがわ学園」（後述）に相談に来るたくさんの親との関わりをとおして、学校教育と家庭教育とがスパイラルしながら創り上げる「共育」という姿勢が何よりも大切であるという考えに至りました。親と教師が手を携えて誠実に教育実践にあたるならば、学級崩壊やいじめは未然に防ぐことができることでしょう。

いじめによる自殺、親による子ども虐待死、親の子殺しや子の親殺しなど、子育てや教育現場を舞台にした惨劇は枚挙に暇がありません。本書が、読者の皆さんにとって少しでお役に立てればと切に希望するものです。

学級崩壊　目次

第1章

学級崩壊の要因を探る

I　構造的欠陥からみえる学級崩壊の必然性

文部科学省の「問題行動調査」によれば、二〇〇五年度に公立小学校の児童が校内で起こした暴力行為は、二年連続で上昇した前年度をさらに一二八件上回る二〇一八件で、一九九七年度の現行調査以降、三年連続で過去最多を更新しました。同省によると、小学生の校内暴力のうち、教師への暴力は四六四件で、前年に比べ三八％も増えたとのことです。また、子ども同士の暴力は九五一件（前年度九九二件）、器物破損は五八二件（前年度五四四件）となっています。

これは、大変ショッキングなデータであり、なかでも対教師の暴力が四割近くも増加していることは教師として残念でなりません。学級崩壊の件数は、校内暴力（対教師暴力）件数の数値と密接に関連していることは明白であり、文部科学省に報告されていない件数もあるでしょうから、それを加えれば、どこの学校でも学級崩壊やその前兆となる様態が頻発していることになります。

さて、このデータが示しているものは、学校教育や家庭教育が正常に機能しない「教育崩壊時代の到来」が目前に迫りつつあるということです。今後さらに、学校現場が直面する構造的欠陥もリンクすることとなると、この教育崩壊の「耐（心）強度」は致命的なものとなるでしょう。

つぎの表1―1は、現在の教育界が直面している課題を「十」にまとめたものですが、このような課題を前提としながら、学級崩壊の要因や解決策を探っていきましょう。

表1-1　教育界が直面している構造的欠陥

①団塊世代の教師が大量退職することで経験に裏打ちされたベテラン教師のスキルが途絶える。
②若年教師が大量に採用されることで授業実践の力量不足や子どもの理解不足などの不安定要素が増える。
③三十代、四十代の教師が極端に少ない「鼓（つづみ）型」の構造となり、中堅層の力強い実践がなくなっている。
④マイカー通勤の教師が増えているため、酒を飲みながら愚痴を言い合ったり相談をしたりする機会が減っている。
⑤不祥事を起こす教師が増加することで、学校教育に対する信頼がなくなっている。
⑥少子化によって兄姉による弟や妹への教育の機会が減少している。
⑦核家族化によって祖父母や伯父伯母など多世帯で子育てする場が欠如している。
⑧コミュニティが崩壊しているため、地域でのコミュニケーションが希薄となり、これまでの子育て術が伝わりにくくなっている。
⑨少子化で異年齢の者で遊ぶことが少なくなり、自分の思い通りに行かないことを我慢することができなくなっている。
⑩利便性を優先する社会となり、自然体験をする機会も減少したことによって、自然の営みや生命を慈しむ心が育ちにくくなっている。

II　学級崩壊を引き起こす要因とは

連日のように繰り返される「親の子殺し・子の親殺し」「いじめを苦にした自殺」。凄惨な事件が報道される度に、「この国の進路に異変あり」と感じているのは私だけではないでしょう。利便性を追求する一方、地道にコツコツと努力する者を揶揄したり、損か得かの尺度だけで右往左往したりする大人たち。「世界一安全で道徳性の高い国、日本」と言われていた国はどこへ行ってしまったのかとも思わせるほど、昨今のこの国の状況は危機的なものとなっています。

なかでも、教育や子育ての最前線は、まさに社会の縮図であり、澱んで先の見えない世の中の風潮を如実に示していると思われます。

今日の学校現場は、このような荒廃しきった社会情勢を反映して、表1—2のような状況を引き起こしています。

これらは、机上の空論や小手先の手法では解決できないものですが、①「安全神話の崩壊」と④「保護者や地域の教育力の崩壊」については、学校や地域社会全体で考えなければならない問題であり、②「学級経営の崩壊」と③「就学意欲の崩壊」については、学級担任教師の責任として受け止めなければならない問題と言えましょう。

表1-2　学校現場の状況

①安全神話の崩壊
・不審者侵入によって子どもや教師が犠牲となるような事件の発生。
・登下校時の子どもが誘拐され殺傷されるという事件の多発。
・危機管理意識の欠落による個人情報の漏洩。
・防火シャッターや固定遊具施設の安全管理意識の欠落。
②学級経営の崩壊
・キレる子どもの増加による秩序の乱れ。
・いじめなどが原因による自殺者の増加。
・ネットなどを媒介とした陰湿な友だち関係。
・教師による不祥事の多発、教師の指導力の欠如。
③就学意欲の崩壊
・不登校や引きこもりによる長欠児の増加。
・家出や深夜徘徊、衝動的な性行動による登校意欲の欠落。
④保護者や地域の教育力の崩壊
・希薄な人間関係、連帯意識の喪失。
・給食費未納問題や就学援助家庭の増加。
・教育に対する価値観の多様化。
・少子化による家庭教育の質の低下。

「就学意欲の崩壊」の現象である不登校や長欠傾向の児童生徒については、校務分掌においても対策委員会などが設置されている学校が多く、担任教師一人がその責任を抱え込む状況は少なくなりつつあると言えます。しかし、「学級経営の崩壊」については、周囲が口を挟むことをタブー視されている傾向もあり、まだまだ担任にその責任があるとの認識が強いものがあります。そのため、当該教師は精神的にも肉体的にも極限状態に追い込まれ、やがて精神疾患などを引き起こして学校を去るケースも少なくありません。

私が小学校教師になった二十五年前にもまれではあっても、学級崩壊的傾向にある学級が存在していたように思います。例えば、「授業中、数名の児童が教師の制止に従わず学校中を徘徊する」「授業に参加していても奇声を上げ、壁などを叩き学習を妨害する」、「板書する教師に物を投げつける」、「特定の児童をいじめ、不登校に追い込む」などに直面したことも事実です。私は学級担任をした十四年間に六年生を八度担任しました。そのうち五回は五年生の担任が持ち上がらずに、六年生で私にバトンタッチしたもので、当時の同僚からは「リリーフエース」などとあまり喜ばしくないあだ名をつけられたこともあります。その担任交代の理由の全てが学級崩壊に拠るものではないものの、私の今までの教師生活は「学級崩壊からの再生」がキーワードであったような気がします。

一九九九年二月、文部科学省は「学級経営の充実に関する調査研究」を学級経営研究会に委嘱し、二〇〇〇年三月には最終報告を発表しました。
それによると、学級崩壊の定義を次のようにしています。

「子どもたちが教室内で勝手な行動をして教師の指導に従わず、授業が成立しないなど、集団教育という学校の機能が成立しない学級の状態が一定期間継続し、学級担任による通常の方法では問題解決ができない状態に立ち至っている場合」

つまり、「学級がうまく機能しない状況」を学級崩壊としてとらえています。学級崩壊という文言ではなく、「いわゆる学級崩壊」という表現をしているわけですが、本書ではこの言葉は充分に市民権を得たものであるとの認識のもと、今後爆発的な勢いで続発する可能性のあることを予想し、あえて「学級崩壊」という表現で論を展開します。

本章4にも示すとおり、「学級崩壊」は一つの要因のみで引き起こされるものではなく、様々な要因が複合的に重なって生じます。そのため、その深刻度や解決策も複雑多岐にわたります。

しかし、学級崩壊の切っ掛けとなるものはあくまでも一つの要因であることが考えられるため、誘発要因を整理しておきましょう。

学級崩壊を引き起こす要因は、「子ども」「教師・学校」「保護者」の三つに大きく分けることができ、これらはさらに三十に整理することができます。それらの一つ一つについて順にみてみましょう。

［1］……子どもの変化による要因

◇集団学習にとけ込めず、多動で授業時間に他と同様に活動できない子が増えている。
◇我慢する経験が乏しく、自己を抑制することの苦手な子が増えている。
◇厳しく叱られたことがなく、苦難に打ち克つ耐性が欠落している子が多い。
◇生育歴から群れて遊ぶ経験が少なく、人間関係を創り出す力が不足している子が増えている。
◇基礎学力の低下によって、授業に能動的に参加しようという意欲の感じられない子が増えてきている。
◇無気力、無関心、無責任、無感動で物事を正面から受け止め、自己実現を図ろうとする活動的な子が減少している。
◇インターネットの流行によって、好ましくない情報までも簡単に手に入れる子が増えている。
◇携帯電話・メールが子どもの世界に入り込み、これらが顔のみえない陰湿ないじめの温床となっている。
◇二十四時間営業のコンビニが増え、小学生でも夜間に集える場所が増えている。
◇スマート指向が強く、スポ根ドラマや漫画が影を潜め、精神論的な根性や忍耐の錬磨を揶揄する風潮が学校現場にも侵食しつつある。

［2］……教師・学校の変化による要因

◇教師に集団の統率力がなく、力強く子どもを引っ張るエネルギーがない。
◇学習指導能力が低く、授業に魅力と迫力のない教師が増えてきている。
◇子どもの変化について行けず、子どもの心の奥底に迫ることのできる教師が少なくなっている。
◇密室状態のような学級担任制であるため、他のクラスの子どもと比較して自分のクラスの子どもを冷静に見つめることができない。
◇教師も本気で叱られた経験が少なく、恥をかいてまで指導や相談を受けようとしないため、手遅れ状態になる事例が少なくない。
◇種々雑多の校務分掌の業務や会議で、放課後の子どもとの触れ合いが少なくなっている。
◇基礎学力を向上させるための授業時数の確保が最優先され、子どもに共同体的感性を育む潤いのある行事が減少している。
◇安全性を優先することに重きがおかれていることによって、学校で子どもが思い切り体を動かす環境が少なくなってきている。
◇総合的な学習や英語教育、学校選択制の導入などの特色ある学校づくりのための対応に追われ、子どもの心の叫びに耳を傾けにくくなっている。

◇悪しき平等感が学校教育に閉塞感をもたらし、子どもたちに対して自己啓発の刺激を奪ってきている。

［3］……保護者の変化による要因

◇保護者の教育方針が過干渉と放任に二極化しつつある。
◇頑固親父的な存在が家庭からも地域からもなくなってきた。
◇学校不信の保護者が増加し、学校教育への期待感も低下傾向にある。
◇PTA役員のなり手がなく、保護者会などの参加率も低下傾向にある。
◇「学校選択制」の拡がりによる影響からか、「学校も先生も選ぶ時代」であるとの志向が保護者に蔓延し、学級の危機を教師とともに乗り切ろうとするよりも、「担任を交代させろ」と要求する保護者が増えつつある。
◇子どもの個室や孤食など、家庭内で子どもと面と向かって学校の話題を話す機会が減少している。

［4］……マスコミによる要因

◇学級崩壊などに対するマスコミの取り上げ方が一方的で表面的なものが多く、保護者の不安感を増大させるものが多い。
◇学校を題材としたテレビドラマの内容が過激すぎて、子どもたちの非行に対する感情を扇動するケースがある。
◇バラエティー番組の出演者の行動や言葉遣いが粗野で、子どもたちはそれらを当然のように受け入れている。
◇有害なインターネットサイトや低俗な図書が、性の尊厳や貞操観念まで歪曲させ、性教育の根幹をゆるがせてしまっている。

以上の要因は、紛れもなく経済的な豊かさや利便性を優先し、心の豊かさを葬り去った大人たちが創り上げたものと言っても過言ではないでしょう。つまり、学級崩壊は澱んだ社会全体の産物であり、当然出現することが予想できた社会現象と言えます。ですから、教師だけが非難されるものでなく、また教師だけがもがき苦しむものでもありません。全ての大人たちが、自分たちに与えられた大きな課題であるという認識を持って、未来を担う子どもたちを「共育」しなければなりません。

Ⅲ　目覚めよう教師、親、大人たち

最近、子どもたちは独り善がりな理屈をふりかざし、大人たちに闘いを挑んでいるのではないかと思うことが度々あります。「親の子殺しや子の親殺し」にしても親子関係の双方の身勝手極まりないご都合主義のために、親子の情や慈しみが著しく欠落した家族が引き起こした惨劇と言えます。抵抗できない大人たちをターゲットにした「オヤジ狩り」も、大人たちへの畏敬の念を忘れた自己中心的な凶行でしょう。

学級崩壊も同じことが言えるのではないでしょうか。子どもたちは、教師が許す範囲を探るためにギリギリの所まで、悪さの限りを尽くしているような気がしてなりません。まるで幼子が「おしおき」をもらうために悪戯を繰り返しているかのようです。一昔前なら親子にも学校にも「おしおき」もあったし、地域の頑固親父やお節介なおばさんたちの許容範囲は極端に狭かったものです。彼らは、百戦錬磨の経験から「ガキども」の言い訳など完膚無きまでに一蹴しました。私も草野球で近所の盆栽を壊した時や、美味しそうな柿を無断で失敬した時などは、問答無用で怒鳴られたものです。

教師たちは「最近の子どもは変わった」とよく話しますが、私は情報量や豊かさは格段に変わったものの、子どもの本質は何も変わってはいないと思います。変わってしまったのは親や教師、つまり大人たちです。今こそ次代を担う子どもたちのために何をすべきなのか、私たち大人は真剣に考えるべきです。

核家族化や地域社会への所属感の希薄化によって、コミュニティは崩壊し、学校や社会は大切なものを失いかけています。不易なものを「古くさい」と揶揄する風潮は、子どもたちにも少なからず悪影響を与えているようです。

学校現場でも「新しい教育観」の潮流があって、教師と子どもの素朴な心のふれ合いのようなものは、不易なものとして隅に追いやられています。その一貫でしょうか、教師の専門性を高め、子どもに優れた人格を陶冶することよりも、形式的に平準化を目指す血の通わない技術論が先行している気がします。「教育は人なり」という名言は死語になってしまうのでしょうか。子どもたちに足元をみられないためにも、不易なものをもっと大切にした力強い教育実践が今求められているはずです。

学校教育は確かに万能なものではありませんが、学校は、教育に対する一定の専門性について研鑽と修養を積んだ教師たちが集う空間です。ところが、悪しき平等感のために、子どもたちに差をつけることを恐れた場にもなっています。例えば、「子どもたちに差をつけないために運動会の徒競走で足の速い子は遅い子をゴール前で待ち、手をつないで一斉にゴールテープを切る」などという奇妙な現象が一部の学校現場では起こっています。「自主性」という文言に魔法をかけられたかのように、本来は大人である教師が道筋を立ててやるべきことも、子どもたちに自由に自己決定させる学校も少なくありません。真の自由とは、子どもを放任することとは違うはずです。「子どもや親が変わった」「地域や家庭が教育してくれない」などと自己反省を忘れて責任逃れをする教師の姿を子どもたちは鋭く見抜いています。「あの先生ならこの程度は許される」「あの先生は甘い」「あの先生は口うるさいからいじめてみよう」などと子どもたちは教師を探っています。白虎隊で有名な会津藩校日新館の「ならぬものはならぬ」という頑な教えも、わが国の教育には存在していたことを改めて心に刻みたいものです。

私は、以前保護者からこんな話を聞いたことがあります。公園で遊んでいる子どもたちがゴミを散らかし、そのままにして帰ったので、その子どもの親に電話を掛けたところ、「わが家では公園でゴミを散らかしても、きれいにしてくるようにとは教育していません」と、余計なことを言うなという口ぶりで開き直られたといいます。勇気を出して電話をを掛けたその保護者のショックと憤りはしばらく収まらなかったそうです。

このように昨今では、親の価値観が多様化していることに驚かされます。一昔前に「新人類」と呼ばれた世代が親となり、家庭教育の様態は大きく様変わりしたようです。個性優先で自由をこよなく愛し、家族の垣根を高くして純粋培養で子どもを育て、地域の子どもたちとの群れての悪戯遊びを拒絶する。ここにも不易なものがないがしろにされて大切なものを見失ってしまった大人の姿があります。

さらに最近深刻なのは「親になりきれていない親」が急増し、育児ストレスによる虐待の増加や社会規範を軽視するご都合主義的家庭教育が横行していることです。例えば、大半の親は「小・中学生に携帯電話を持たせるのは教育上よくない」と考えているのにもかかわらず、「断固反対する自信がない」や「周囲の友だちとのつり合いをとらなければ・・」、「安全で便利だから」などと自分が悪者になることを恐れて、結局ほとんどの親が買い与えてしまっているのが現実のようです。親が厳しく叱れない家庭、親を怖いとも思わなくなった子どもたちは学校や社会で何に導かれながら育っていけばよいのでしょうか。子どもは親の許容範囲を乳飲み子の頃から日々見極めながら生きてきたのです。「親にとって都合のよい嘘をつけば信じ込む」、「世間体を気にするあまり、人前では厳しく叱らない」「安心感を得たいがためにわが子の過ちよりも友だちや教師の過ちに敏感に反応する」など、完全に見透かされて親子の立場は逆転しているかのようです。

学級崩壊についても、わが子の立場には敏感であるが、学級という集団で社会性を育成する学校教育に課せられた目的などまるでお構いなしに、「担任を交代させろ」などと声高に叫ぶ有様です。親や大人がまず目を覚まさなければ、学級崩壊を防ぐことなど全く不可能なことです。

Ⅳ　学級崩壊の深刻度を見極めよう

子どもたちが教師の許容範囲を鋭く見極め、学級崩壊の引き金を引こうと虎視眈々と狙っているなどとは思いたくはありませんが、全国で小学生による対教師への暴力行為が年間五〇〇件近いという現実はあまりにも衝撃的です。この数字は文部科学省へ報告された調査結果であることから想像すれば、実際には校長や教育委員会への報告までには至らなかったケースはこれの十倍、いや百倍はあるかもしれません。これは、小学校教師も身の危険を感じながら教壇に立たなければならない時代になったということでしょうか。

「開かれた学校」ということが声高に叫ばれて久しいものがありますが、学校はまだまだ閉鎖的であるため、学校や教師にマイナスになることは極力公にしたくないという風潮は根強く残っているとも言えます。特に学級担任制による小学校では、教室内で行われている教育の中身や教師と子どもの関係性を客観的に調べることは困難でしょう。ごく一部の不適格教師や指導力不足教師が学級崩壊を引き起こしても、年度が替わって担任が交代することでゴングに救われる学校も少なくないでしょう。さらには、教師の個性も千差万別で子どもに反抗され罵られても殴られても自らの学級が崩壊しているとは考えられない教師さえ存在します。

表1-3　学級崩壊深刻度表

深刻度		学級や子どもたちの様態
A	10	学級内で暴力やいじめが頻発し、子どもや教師が身の危険を感じる。
	9	日常的に教師に反抗的な言動や行動が出現する。
	8	公共物等の器物を破壊する。
B	7	私語や逸脱行動で授業が成立しない。
	6	休み時間や清掃時間にトラブルが多発する。
	5	無視や物隠しが頻発する。
C	4	教師の話を聞かず、常にざわついている。
	3	教室内の美化環境が悪化し、落とし物等が増える。
	2	教師の指示が浸透せず、忘れ物が目立つようになる。
	1	友だち同士や教師に対しての言葉遣いが悪くなる。

　このような実態のなか、私は、教師仲間から具体例を集めて「学級崩壊深刻度表」（表1―3）を作成しました。これは、教師一人ひとりが自らの学級経営の実態をより客観的に分析するための指標として役立つはずです。さらには、学校全体で学級崩壊を考える時の尺度として、より客観的な検証の資料として活用してみてはいかがでしょう。

「学級崩壊深刻度表」は、深刻度レベルをＡＢＣの三段階で大別し、学級や子どもたちの様態をできるだけ端的に示しています。

　Ｃ段階の一から四のレベルは、どこの学校でも日常的に生じているものかもしれません。言い換えれば、このＣ段階で担任が危機感を感じ、学校全体として様々の立場の者が的確にサポートすれば比較的容易に学級崩壊は回避できる段階と言えます。特にC段階は、年度初めの生活習慣や学習規律の徹底不足に起因することが多いため、第2章のⅠからⅢを参考にしてください。

Ｂ段階は、学級の中に教師の指導の行き届かなくなった子どもたちが出現し、トラブルの原因となるケースが増える段階です。「木を見て、森を見ず」の言葉どおり、一部の子どもに振り回され学級全体がみえなくなることのないよう充分に配慮しつつ、個別対応を慎重に繰り返す必要があります。これには第3章Ⅵの「ほめ方、しかり方ですべてが決まる」が参考になるはずです。

Ａ段階にまで至ってしまうと大変深刻な状況にあると言え、担任教師一人で解決することはできません。担任と子どもたちの関係は修復不可能な段階であり、学級全体の子どもたちが精神的に不安定になっています。保護者の理解と協力のもと、複数の教師で指導にあたるなどの学校全体の支援が必要になります。それには、第3章のⅦに紹介する取り組みを参考にして、学校の総力で崩壊を食い止めてほしいものです。

教室の片隅から①

心をつないだ「なのはな体操」

これは私が、最初に担任した子どもたちとのエピソードです。

そろそろ卒業ムードが漂い、子どもたちも一抹の寂しさを感じ始めた頃、素晴らしい贈り物が学級に届きました。贈り物の包装紙を開けた途端、大きな歓声が教室中に響き渡りました。贈り物の正体は、綺麗に製本された文集だったのです。表紙には「なのはな体操」の文字と、絵の得意なAくんが書いた体操をする男の子のイラストが印刷されていました。表紙をめくると「友愛」と書かれた当時の千葉県知事、沼田武氏の直筆の書がありました。「なのはな体操」とは、今から二十五年ほど前に県民体操として千葉県が普及を目指していたものです。

リーダー格のBくんが、家で「なのはな体操」を実践している職場や学校を募集しているという千葉テレビのCMをみたことが事の発端でした。Bくんのバイタリティーは他に類をみないほど素晴らしいもので、なんと母親と相談し応募をし、私のクラスの出演まで内定を取り付けてしまったのです。間もなく学校の方に「なのはな体操」普及事業を所管する千葉県青少年婦人課（当時）から連絡が正式に入り、取材の日が決まりました。

実は正直な話、「なのはな体操」は運動会の準備体操として行っていましたから、子どもたちはみんな知ってはいたもののクラスで特に力を入れて取り組んでいたわけではなかったのです。でも、「テレビ出演が決まった以上、頑張らなければ」と、Bくんの熱意に背中を押されたように、それから毎日学級全員で「なのはな体操」に取り組みました。ラジカセを朝礼台の上に置き、休み時間もクラスのみんなで体操をしました。児童数千五百人を超すマンモス校で、校庭を埋め尽くした他のクラスの子どもたちからは奇異の目で見られるなか、当人たちの遊びたいという欲求を抑えながらの体操をする姿は感動的でした。

取材当日、これもBくんの発案で、スタッフの方にお礼の気持ちを込めて、「なのはな体操」への作文を全員が記して手渡したのです。おそらく、その時の子どもたちの体操に寄せる思いや作文の内容に心を動かされ、県の担当者の方が知事の直筆の書まで入れて、文集にしてくださったものでしょう。その後、子どもたちは卒業し、私も他校へ転勤した年、前任校が「なのはな体操実践優良校」として県知事から表彰された話を聞きました。Bくんを初めとするクラスの子どもたちが黙々と体操する姿を思い出したものです。

私自身、大学を卒業して間もなく、学生気分が抜けないまま、いきなり「先生」と呼ばれる立場になった時のクラスで、戸惑いの連続でした。でも、子どもたちが支えてくれたのです。「なのはな体操」の取り組みも、私の方から一方的に投げかけていたら、こんなドラマチックな結末にはならなかったはずです。私は、教師になり最初に担任したクラスの子どもたちに恵まれました。学級崩壊になってもおかしくないほどの力量不足を補ってくれたのは、子どもたちの、よい思い出をつくりたいという純粋な思いだったのです。「子どもから学ぶ教師」。私はその典型のようです。

第2章 めざそう、いじめのない学校

I　いじめを冷静にみつめ直そう

いじめという卑劣な行為のために、未来のある尊い命が自らの手によって奪われています。いじめが原因の自殺は、いじめた側が自ら手を下さないだけの歴とした殺人事件であると私は考えます。教育委員会や学校の隠蔽体質、いじめに加担した教師や見抜けなかった教師に批判が集中するのは当然のことかもしれません。しかし、大人たちの責任の擦り合いでは、本当の解決は不可能です。ここでは、いじめのメカニズムを冷静にみつめ直してみましょう。

[5]……破綻した人間関係には、すべていじめの構図がある

> いじめの定義
> ①自分より弱いものに一方的に
> ②身体的、心理的な攻撃を継続的に加え
> ③相手が深刻な苦痛を感じている
>
> 文部省：1986年

一九八六年、中学二年生の鹿川裕史君が、教師までが加担したいじめによる「葬式ごっこ」を苦にして十三歳という短い生涯を自ら絶ちました。事態の重大さを憂慮した文部省は、この時、右のような「いじめの定義」を規定して、全国の学校にいじめの根絶に向けた取り組みの強化を指示しました。

さらにこの定義には、「学校としていじめの事実関係を把握しているもの」という文言が付帯されていましたが、その後もいじめによる自殺者が後を絶たず、「いじめられている子の訴えがあるものすべてをいじめとする」と認定したのが今から十年以上も前のことです。

しかし、それにもかかわらず、小・中学生や高校生の自殺者が年間約百人であるのに対し、いじめが原因の自殺は過去七年間ゼロというものでした。これは、誰がみても納得できる数字ではありません。いじめとは、教師や学校が子どもたちの関係を上からみて定義づけするものではなく、「悪ふざけやからかいといった些細な行為も含めて、被害者である子どもが苦痛を感じているすべてのものをいじめと判断することが妥当である」と教室で長年子どもたちを見つめてきた私は理解しています。

最近では、「いじめた子どもは出席停止に」などと指摘する声もありますが、学校現場にそういう理屈は馴染むでしょうか。加害者と被害者の関係を教育の場で赤裸々にし処罰するということは、一過性の効果は期待できても、根本的な解決には繋がらないはずです。なぜなら、加害者は過去を遡ればいじめの被害者だったのかもしれないし、また現在も親や家族、あるいは他の集団からいじめられているかもしれないからです。突き詰めて言えば、今の子どもたちは、破綻した大人社会の被害者であり、人間関係に起因するトラブルまでも「出席停止」などで懲らしめることを良しとすれば、教育の敗北であり、大人社会の最大の屈辱であると考えるべきではないでしょうか。

図2―1は、様々な状況を抱え、悩み苦しんだ揚げ句の果てに私の所に相談に来た親や子どもの事例をもとに、破綻した人間関係の構造を端的にまとめたものです。虐待も学級崩壊も家庭崩壊もセクハラも、その他諸々の人間関係の綻びにはすべて、「あらゆる立場の者がいじめる、いじめられるという関係性を内在している」という点で共通しています。つまり、いじめは教育だけの問題ではなく、社会全体の問題だと言えます。

この図は、いじめの関係性を考える時の参考にしていただくために作成したものです。一口にいじめと言っても、三つの関係に大別でき、さらにその一つ一つが複合的に絡み合うことで解決困難な状況に陥ります。例えば、「対等な関係のいじめ」に権力者が介入すれば、組織全体が非常に不安定な構図となり、学校なら学級崩壊という現象につながってしまいます。最近

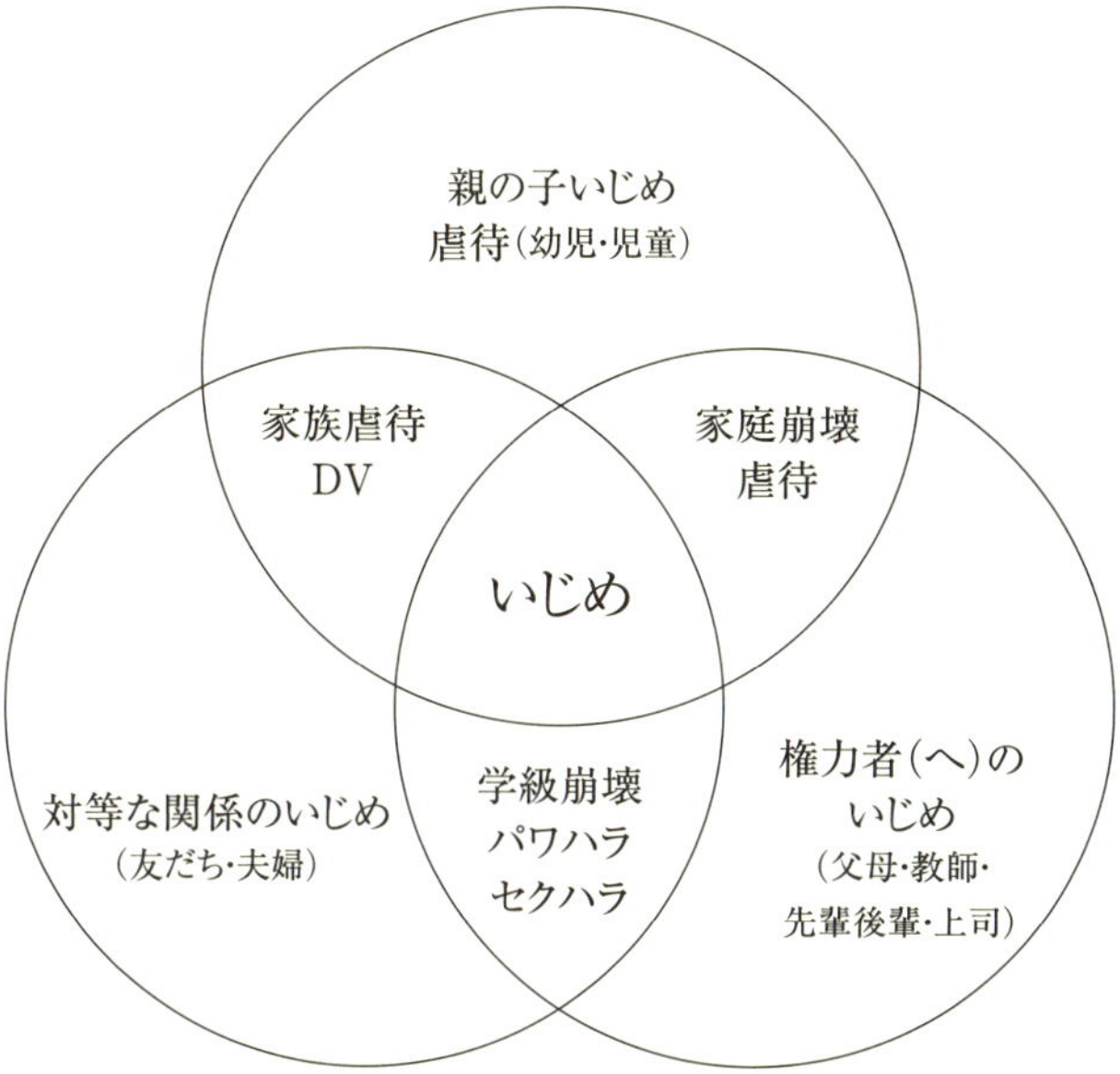

図2-1　破綻した人間関係の相関図

では、「親の子いじめ」と「対等な関係のいじめ」が絡み合った兄弟姉妹による虐待、いわゆる家族虐待も多くなっています。

［6］……いじめとは

いじめをする子のほとんどは、過去にいじめられた経験を持っています。さらには、また自分がいじめられるのではないかと恐怖におののいているのも現実です。「いじめが正しいことである」と思っている子は一人もいないでしょうし、いじめをしているという意識がないうちに段々とエスカレートし、泥沼から抜けられなくなるのです。教室でよくみかけるいじめの循環をまとめてみると、次のようなパターンに集約することができます。

①からかいやすい子にちょっかいを出す。

②その反応が滑稽で何度も繰り返す。時には教師までもがその輪の中に入る。

③からかいは遊び半分の範疇を越え、苦痛を与えるようなダメージを与え始める。

④ほとんど毎日のように繰り返され、いじめへと形を変える。

いじめる側はいじめ続けているうちは、鉄の結束を保ちますが、いじめられる子が勇気を出して立ち上がり、怯えずに不当な要求に屈しなくなると、ためらいから結束が乱れます。いじめている時の何とも言えぬ快感を味わった子どもたちは、次のターゲットをみつけ、連鎖的にその子をいじめ出します。つまり、いじめる側もいじめられる側も明日はわが身といった極めて不安定な関係にあり、善悪の判断が冷静にできない精神状態に陥っています。

このように、この連鎖を大人が断ち切ってやらない限り、加害者と被害者とを明確に選別することは困難で、根本的な解決などあり得ません。教師は、スポーツの審判同様、たまには誤審もありますが、子どもたちにとっては一番身近にいる大人です。いじめに加担することなどは論外ですが、いじめへと発展する連鎖を断ち切る鋭い眼力を磨かなくてはなりません。

もう一つ指摘しておきたいことは、いじめに直接的ではないものの大人たちが間接的に加担してはいないかということです。親の会話を聞けば他人の悪口ばかり、時には学校や教師の批判を子どもの前でも憚らず大声で捲し立てる始末です。またテレビは、バラエティー番組が全盛で、タレントをいじめてその醜態を大声で笑う出演者。漫画本には、いじめを美化し誘発するものまであります。これらのあまりの無神経さには呆然とさせられてしまいます。ワイドショーでは、毎日のようにいじめの問題を報道し、コメンテーターが「いじめはいつの時代にも、どこにでも起こりうるものだ」とか「いじめは絶対になくならない」、「悪いのは学校、教師、教育委員会だ」と声高に叫び、子どもたちが見ている時間帯であってもお構いなしです。

そして、子どもたちは自分と同じ世代の子がいじめで自殺したという悲しみに浸る以前に、大人たちの責任転嫁を目の当たりにします。マスコミは、自殺に追い込んでしまった同世代のいじめっ子への怒りと憤りなど冷静に考えさせることもせずに、大人へのバッシングの嵐です。これこそいじめではないでしょうか。事実を隠蔽し歪曲する大人は論外ですが、事態を誠実に受け止め二度と同じ過ちを繰り返さないためにどうすべきなのか。大人たちが加害者であるという視点に立ち、早急に考え直す時に来ています。

［7］……いじめに強者の論理無し

いじめは、「いじめられる側にも問題がある」と、教育現場では時々耳にします。たしかに、いじめはいじめられる子の性格や身なりなどの周辺的条件が誘因となって、組織的・継続的にエスカレートしていくことも少なくありません。しかし、いじめは「いじめる側」と「いじめられる側」の関係性は未分化で、断片的な現象だけを捉えて両者の立場を色分けしてしまうことは早計であると思われます。教師が上の目線からいじめを見て加害・被害の構図として事態を解決しようとすると、対症療法的なものとなり、これではいじめの本質を捉えた根本的な解決にはつながりません。

幼児・児童虐待の問題に長年取り組んでいる私は、耳にタコができるほど「しつけのためについつい」とか「口で叱っても全然効果がないから」などという親の言い訳を聞きます。虐待は権力を持つものの弱者に対する許し難い行為であって、「親の子いじめ」と言い換えた方がよいのかもしれません。

そんな親に対し私は、「強い者が弱い者を叩く時、叩く手は痛くありませんか。もし痛くなければ、それはしつけではなく憎しみです。産声を上げたわが子を見た時、あなたは自分を強者と思いましたか」、「あなたはいつまで子どもに強者を演じられるでしょう。自分が老いぼれて弱者になった時、子どもから叩かれたいですか」と諭すことにしています。

いじめには強者の論理は全く通用しません。叩かれ、脅され、無視され、罵られた弱者の言葉のみが正論として尊重されるのです。いじめる側の屁理屈を毅然として打ちのめすことが教師に課せられた使命なのではないでしょうか。

[8]……いじめの発生が学級崩壊への序章

私が遭遇した崩壊した学級や崩壊寸前の学級にはすべていじめの問題が内在していました。言い換えれば、いじめの問題を解決できないことが学級崩壊を引き起こす誘因になってしまうようです。パターンを整理してみるとその多くに共通する現象が現れ、表2―1のようにまとめることができます。

表2-1　学級崩壊にみられる現象

①些細なトラブルで一対一のいじめが発生する。
②そこに数人の仲間が加担することで、集団によるいじめへと発展する。
③どちらかといえば女子の方が陰湿で、男子は暴力的な行動が多発し出す。
④担任が男子・女子のどちらかにエネルギーをかけて接すると男対女といういじめへと発展する。
⑤いじめに対する教師の対応に不満を持ち、教師批判が噴出する。
⑥教師の学習の進め方にさえも異議を唱え、崩壊現象が起こる。

最初は、子どもたち二人だけの人間関係のもつれが、やがては学級全体をも巻き込むいじめへと発展し、最終的には教師という権力者へのいじめに深化するのです。教師という権力者に対するいじめのスリルは、子どもたちを加速度的に誘惑してしまうものです。しかし、教師がいじめの初期対応を迅速にしかも誠実に行えば、学級崩壊を未然に防ぐことができます。

教室の片隅から②

理科の観察は鬼ごっこ

私は、教師になって最初に受け持った子どもたちを五年生、六年生と持ち上がりで担任し、感涙にむせぶ卒業式で子どもたちを見送りました。しかし、その余韻に浸る間もなく、翌年も六年生を受け持つことになりました。

そのクラスは、五年生の時に学級が正常に機能せず、担任に反抗する子どもたちが続出し、教室は荒れ放題でした。まるで無法地帯のように授業妨害は日常茶飯事で、粗暴で危険な振る舞いも横行し、他の学級にも悪影響を及ぼしていました。

経験不足の上、指導技術も未熟な私に大役が務まるかは不安でしたが、自分の財産は子どもたちに年齢が近いことだけだと考え、体当たりで子どもに接しました。新学期当初は、とにかくたくさんの楽しい思い出をつくり、学級への所属意識を高めることが大切だと考え、休日も返上して子どもたちと遊んだことを覚えています。時には、教頭に「理科の観察で公園まで行ってきます」などと適当な言い訳をして、授業中に近くの公園で「鬼ごっこ」などで夢中になって遊びました。そうすると子どもたちも、それまでとは異質な教師の大胆な行動に心を動かされたようで、徐々に信頼関係が芽生えてきました。そのクラスは、どの子も潜在能力の高い子どもたちばかりでしたので、どうやら五年生の時は有り余るエネルギーの発散の仕方を間違っていただけのようでした。

しかし、五年生の時に構築されたいじめの構図はかなり深刻でした。Cくんは体の小さな子で、ついつい友だちの気に障る発言をしてしまう子でしたので、いじめのターゲットになっていたのです。六年生になり、私の迫力に躊躇したのか暴力でのいじめはなくなりましたが、言葉でのいじめは根強く残っていました。私の直面する初めてのいじめの事例でしたので解決の妙案もなく、とにかくCくんを私のそばで一緒に行動するように仕向けました。元気者の子どもたちは私と遊びたいけれど、そうするとCくんも一緒です。不自然でよそよそしい関係が何日か続きましたが、次第に元気者たちとCくんの会話にとげとげしさがなくなってきました。さらには、Cくんが生き物の飼育が得意であることがわかり、周囲もCくんに一目置くようになってきたのです。学級内のいじめが少しずつ改善されたことにより、学級全体の雰囲気はとても落ち着き、一人ひとりの個性に輝きが溢れるようになってきました。

ベテラン教師ならばもっとよい方法があったのでしょうが、その時の私には、いじめられている子と一緒にいることしかできませんでした。Cくんは、その後も周囲の気に障る発言がありましたが、周りの子の反応が肯定的になってきたことで心地よい所属感に浸れるようになり、表情も明るくなりました。その学級の子どもたちは、その後一人ひとりの才能を学校生活の随所に発揮し、胸を張って卒業していきました。若気の至りで、今思い出しても恥ずかしいことばかりですが、もしかするとこの時の型破りな手法が、私の教員人生の礎となっているのかもしれません。

Ⅱ　学校におけるいじめについて整理しよう

「いじめは人類の永遠の課題である」という話を聞いたことがあります。なぜ永遠の課題なのでしょうか。それは、犠牲となった子どもたちが、尊い命を自ら絶ち、世の中に警鐘を鳴らしてくれているにもかかわらず、大人たちは時とともに風化させてしまい、具体的な対策の積み重ねがないまま次の時を迎えるからではないでしょうか。今こそ、自殺した子の無念さに報いるためにも、いじめの構図・様態・現象を整理して、建設的に対処法や予防法を構築することです。

［9］……学校で発生する六つのいじめの構図

義務教育である小学校・中学校は、様々な知識や技能を習得する場だけにとどまらず、人として生きるために必要な正しい思考力や判断力、幸せに生活するための行動力や社会性を醸成する場でもあります。発達がまだ未分化な子どもたちの生活には、一人ひとりの個性の違いによる葛藤から感情的な衝突が生じることは日常茶飯事であり、そのやりとりの中で子どもたちは多くのことを学びます。いじめという構図は社会全体からすれば極めて特異な人間関係であると捉えられがちですが、人格完成前の子どもたちが集う学校では、ありとあらゆる関係がいじめの構図を孕んでいると考える方がむしろ自然です。ここでは学校で発生しうるいじめの構図を六つに大別することで、早期発見に役立てていただきたいと思います。

①一対一の関係によるいじめ

無二の親友のように、登下校や休み時間、放課後や休みの日まで二人一緒に過ごす子どもがいます。どちらかといえば女子に多いパターンですが、これには注意をしなければならない関係が内在されていることがあります。二人の関係は対等な場合とは限らず、片方が支配的に扇動するケースがしばしばあるからです。弱者の方は次第に苦痛を感じてきますが、二人の関係が瓦解すると一人ぼっちになってしまうのではないかという恐れから、ストレスを抱えながらも一緒の時を過ごしています。この関係は、弱者が爆発して親や教師に打ち明けなければ永遠に続くことになります。

表面に表れにくいいじめに発展するケースもあるため、心の叫びを聞くアンケートなどを行うことが大切でしょう。

②小集団によるいじめ

学校で一番多く発生するいじめがこれで、どちらかといえばおとなしい子がターゲットにされることが多いようです。三人の関係が二対一になることに端を発し、多数派の方に数人の取り巻きが加わり四、五人程度が一人をいじめるパターンです。特に下校途中に「カバン持ち」などのふざけ半分のいたぶりの現象からスタートし、言葉や暴力によるいじめへとエスカレートしてしまうものです。いじめられる子はいつも特定の子で、変わることはありません。ランドセルやカバン、持ち物や衣服の乱れが頻繁になったら、下校途中の様子をこっそりみてみることも必要でしょう。

③性差によるいじめ

小学校、中学年に多くみられるもので、教師による「えこひいき」があると勘違いして男子と女子との関係が悪化し、学級全体に男対女といういじめが発生します。ほとんどの場合、特定の女子に対する男子の暴言がエスカレートして、学級の雰囲気が極端に停滞するものです。ターゲットになった子に同情の余地がなくなると、最初は味方をしていた同性たちも距離をおいてしまうことになり、学級全体が直接的、間接的に一人の子をいじめるという構図に発展します。

この場合は学級担任がアンテナを高くし早期発見することと、発見した時の毅然とした態度が何よりも必要となります。

④学級全体によるいじめ（時に教師の加担も）

これは、どちらかといえば目立つ子がターゲットにされることが多いケースです。教師から一目おかれる子どもが、他の子どもたちの嫉妬やひがみを生じさせ、いじめへと発展するケースです。「先生に告げ口をした」とか「私たちを裏切り、自分だけいい子になった」という大義名分があるため深刻で長期化することが多く、教師もこの構図の中に組み込まれているため、対応を誤ればいじめに加担する結果に陥ることも少なくありません。

このケースは、いじめる側の態度があからさまであるだけに、教師は休み時間などに極力子どもたちと一緒に時間を過ごすことです。それによって日々の様子をきめ細かく観察すれば早期発見は容易となります。

⑤ターゲット移行型いじめ

このいじめは、六年生の後半に出現することが多く、いじめを遊びとして楽しむ最も卑劣なものです。知的レベルも高いリーダー的存在の子が数名の取り巻きとともに、気に入らない子を次々とターゲットにし、ボス格の子は教師が察知するギリギリの所までいじめを繰り返し、発覚の寸前でターゲットを移行させます。

水面下で深く潜行しているため早期発見はむずかしいのですが、子どもたちの目つきや表情、不自然な言動や目の届かないところでの秘密の話し合い、授業中に教師の目を盗んでのメモのやりとりが活発になるので、鋭い眼力で丁寧に子どもをみつめることで発見できます。

もし、このいじめのリーダー格の子を発見することができたら、その子とどのように関わっていくかということが非常に重要です。私の体験では、リーダー格の子は高い能力の発揮の仕方が間違っているだけで、特に周囲の子どもたちの掌握術には優れた才能を持っています。学級でなかなか解決できない友だち同士のトラブルなどの処理を、その子に任せてみてはいかがでしょう。もし、善意のヒーローになることができれば、その子は担任教師にとってなくてはならない存在へと変貌することになるでしょう。

⑥部活型いじめ

中学校に大変多いのがこのいじめです。先輩から後輩へのいじめ、ポジション争いや厳しい練習によるストレスのはけ口としてのいじめは、泥沼的にズルズル長引きます。勝利至上主義的で技能偏重の部活動や、顧問教師がカリスマ的で極端に規律の厳しい部活動に出現する可能性が高いようです。「勝利のため」とか「組織の結束のため」にという大義名分があるために、いじめる側も罪悪感を持たないでエスカレートしがちとなります。

このケースでは、部活顧問と担任、そして全教師と親とが情報を共有し合い、結束して解決しなければなりません。部活動で学ぶことは大変多く、学校教育においても不可欠な活動です。好きで選んだ部活動で嫌な思いをすることぐらい辛いものはありません。ですから、決して部活動をいじめの温床にしてはなりません。

[10]……学校でつくりだされるいじめの十の関係性

一概にいじめと言ってもその関係性は様々です。マスコミは、自殺などに至る直接の因果関係や断片的な事実を伝えるだけで、あとは責任問題を論じるにとどまっていて、いじめへと発展する過程に潜むメカニズムについては報道しようとはしません。特に、いじめられた子への配慮もあり、いじめの構図をつくりだした直接的原因については部外者が推し知ることは困難です。ここでは、いじめの構図がつくりだされる関係性を十項目に整理してみます。

①弱い者いじめ

おとなしく人前ではは っきりと自己主張ができない子の弱点をつくもので、これは、弱者に対するいたわりや惻隠の情を醸成する人権教育が浸透すれば比較的早く解決させることができます。

②不潔な者いじめ

服装や髪の毛が不潔であり、グループなどからあからさまにはじくもので、これは、家庭訪問などでいじめを受ける子の親と丁寧に話し意識を啓発して、少しずつ清潔感が保てるようになれば即座に解決できます。

③学力不振な者いじめ

学力が不足し、授業停滞の原因をつくることが多く周囲から嫌悪感をもたれるもので、これは、体力や運動能力が極端に低下している子もターゲットになってしまうことが多いのですが、放課後や長期休業を利用し個別指導をきめ細かく行うことによって、自己肯定感を育むことや周囲の子どもの寛容な態度を育成することで解決できます。

④小さい（大きい）者いじめ

体型のことをおもしろおかしくからかうもので、囃し立てる方は遊び半分でも、言われる方は相当な苦痛を感じるものです。これは、最も低次元であり、人として許されないいじめであることを教師が何度も何度も誠実に諭すことで解決ができます。

⑤裏切り者（正直者）いじめ

グループの結束を破り逸脱した行動をとることや、教師に正直に過ちを打ち明けたことで「ちくった」「告げ口をした」などと反感をかい、無視をされたり罵られたりするもので、これは、遺恨は根強いものがあり長期に及ぶことが多いのですが、面談などを丹念に繰り返し、誤解があれば取り除くことによって、雪解けを待つというような気長な姿勢が必要です。

⑥ウザイ者（生意気者）いじめ

おしゃべりで派手な行動をする子が弱点を指摘されて追い込まれるもので、一言余計なことを言ったために、いらぬトラブルの火種をつくってしまいます。この場合は、「口は災いの元、話す前に深呼吸して」などと冷静で慎重な言動を促す指導を重ねれば解決できます。

⑦恋敵者いじめ

嫉妬からいじめへと発展するもので、女子に多く出現する傾向があります。最近ではメールなどの誹謗中傷という陰湿なケースに発展することが多く、教師にとって最も解決が困難なものです。有効な解決策はなかなか見あたりませんが、教師が恋愛の失敗談を語りかけることで解決したケースがあります。

⑧自己中心的な者いじめ

勝手気ままに振る舞うために、周囲に不快感を与えてしまい、それがいじめへと発展するケースです。低・中学年の時期はリーダー的に周囲を統率していたのですが、周りの子どもたちの自我が確立し、その子の行動が我慢できなくなった時に出現します。本人も今までのように思い通りに事が運ばない苛立ちから、ついつい反抗的になってしまいます。担任が「一人では生きていけないよ」などと繰り返し諭すことで、協調性が芽生えるようになれば改善できます。

⑨自虐的な者いじめ

投げやりな姿勢や愚痴が目立ち、周囲の何気ない発言や行動に対しても過剰に反応してしまうような子どもが、自らをいじめられる状況に追いやるケースです。その子の態度に周囲も少々しらけムードとなってしまい、それが悪循環となります。担任が肯定的で前向きに物事が捉えられるように促すことによって、子どもの自尊感情を取り戻すようにすることが必要でしょう。

⑩空気のよめない者いじめ

学級全体のムードがよめずに突拍子もない行動や発言で周囲を呆れさせてしまいいじめへと発展するケースです。これは、自己中心的な者と共通点が多く、決して身勝手でわがままなわけではないのに無神経さが仲間をしばしば唖然とさせてしまいます。慎重で誠実な行動を心がけられるように本人への注意の喚起が大切です。それには、このような子どもは、比較的一人で行動することが多いため、放課後などじっくりと時間をかけて心の叫びを聞いてみることです。私の体験では、その女の子は母親が極度に無口な人で、父親とばかり話しをして育ってきたということでした。妙に大人びて、子どもを見下すような発言の原因を知り、その後の指導の参考となったものです。

他にも、本人には全く非はないのにターゲット移行型のように遊び感覚で意図的に対象を替えていくいじめも急増しています。最近ではいじめが益々複雑多岐になっているため、早期発見することも困難になってきました。

[11]……いじめの七つの現象

「こたにがわ学園」では、子育て教育支援の一環として「いじめ・虐待ＳＯＳ」という二十四時間体制の電話相談を展開しています。子どもたちを取り巻く環境の悪化や核家族化による子育て不安を抱える親の増加に伴い、相談件数も開始以来約二年半で延べ三〇〇件を超えました。官製の相談窓口のほとんどが五時頃には閉鎖しますが、夜間でも相談できる私たちの取り組みは一定の成果をあげていると言えるようです。中には同じ親や子どもが毎日のように電話を掛けてくるケースもあり、事態の深刻さをつくづく感じます。

ケース別にみてみると、不登校や引きこもりの子を持つ親からの相談が五割程度で、残りの三割程度は育児不安や育児ストレスによる虐待の相談や、夫の子育てへの無責任さを憤り愚痴までもこぼすケースもあります。残りの二割は、いじめの悩みや教師・学校への批判などであり、最近ではいじめを受ける子どもからの直接の電話が多いことが特徴としてあげられます。

さて、私自身の学校現場での経験や、「こたにがわ学園」の電話相談から、いじめは直接的なものと間接的なものとに大別でき、その現象は次のように大きく七つに分けることができます。

《直接的ないじめ》

①言葉によるいじめ

いじめのすべては、言葉によるものから始まります。「ウザイ」「きもい」「死ね」などはテレビの影響からか、最近では当たり前のように耳にすることになってしまいました。日常用語として定着してほしくはないのですが、その勢いは止まりそうにありません。言う方は遊び半分でも言われた方のショックは甚大で、段々エスカレートしてくるとその言葉もより過激になり、立ち直れないほどのダメージを与えることとなります。この種のいじめは、一人の教師が解決しようとしても効果は上がりません。保護者会などで親の意識を啓発することなども含め、学校全体で、同一の歩調で取り組むことです。

②暴力によるいじめ

これは、気の弱い者や体型的に小柄な子がターゲットになることが多いものです。「プロレスごっこ」や「ズボン下ろし」「胴上げごっこ」などの遊び的なものから、数人で殴る蹴るを繰り返すものへと発展します。役割を決めてリンチ的に暴行する事態にエスカレートすることも多いのですが、いじめの発覚を恐れて顔には手を出さないようです。親が衣服の乱れなどを丹念に観察し、もし異常に気付いたらすぐに担任に連絡するように、学級懇談会などで話しておきましょう。

③無視型のいじめ

これは、無視することによって相手が苦しむ様子をみて満足するという、陰湿で卑劣なものです。言葉や暴力で直接手を出さなくてもいじめに加担できるため、いじめる側がすぐに大人数に発展するという特徴があります。ターゲットを替えてゲーム感覚でいじめを楽しむ者もいます。授業中にメモを回すなどの行為を見かけたら要注意です。教師が特定の子だけに話を聞くと報復を恐れて何も話さないことがあるため、同じ時期に全員と個人面談をすることで全容をつかむことが大切です。

④恐喝型のいじめ

言葉、暴力、無視の段階を過ぎると、金品を強請るということが発生します。これは、いじめの範疇を超え犯罪行為とも言えますが、最近では非常に多いものです。最初は「おごる・おごられる」や「貸す・借りる」の関係から、ターゲットとなる子どもとの約束を反故にするなどに発展し、次第にいじめる側の要求金額はエスカレートします。こうして、いじめられている子が追い詰められ、金を工面するために窃盗事件を起こすという最悪の事態となるケースが生じてしまいます。

これには、親がお金の管理をしっかりして、子どもの目につかないところに保管することや見慣れない物を子どもが持っていたら厳しく出所をチェックすることが大切です。いじめる側は、非常に綿密に計画するため、いじめられる子どもは誰にも打ち明けられない状況に陥っている場合がほとんどですので、教師はアンケートや面談で子どもから発信されるSOSを見逃さないよう努めることです。

《間接的ないじめ》

⑤落書き型のいじめ

「相合い傘」に代表されるこのいじめは、昔からどこにでもみられましたが、今日では机の上や壁、教科書、ノート、黒板、掲示物に愚劣な内容を書き込み、ターゲットが困惑し狼狽する様子をみて楽しむというものが多いようです。これは、単純ですが当人には大きなダメージとなるものです。

このような落書きを発見したらすぐ消すことが重要になります。そして、犯人捜しをするのではなく、即座に学級や学年、場合によっては全校で「人として最悪な行為である」ということを切々と諭すべきです。その指導が子どもたちの心に深く刻まれれば解決は早いと思われます。

⑥持ち物型のいじめ

「靴隠し」に代表されるこのいじめも学校の永遠の課題とも言えるものです。ターゲットとなる人の持ち物を隠したり傷つけたりすることで、万引き常習者と同様にスリルを楽しんでいるのかもしれません。この場合は、休み時間をすべて使って学級全員で探すことが効果的です。私の経験では、発見ができないということはごく稀で、大抵の場合は発見することができます。例えば図書室の本棚の奥などのように、衝動的には隠さないような所から発見された場合は、第一発見者がカギを握っていることがあるので、その後の行動を注意深く観察し、現場を押さえたら「もうしないね」と優しく諭した方が効果的です。

⑦ネット、メール型のいじめ

情報化社会の進展に伴い、このいじめは今後益々拍車のかかることが予想できます。匿名性が高い「書き込み」による誹謗中傷は、当人を疑心暗鬼に陥れ、精神的苦痛を与えます。発信者が特定できるメールであっても無機質な文字による冷酷な表現で、夜中だろうが容赦なく送られます。アドレスを変えるなどの対策が考えられますが、根本的な解決法にはなりません。情報教育の一環として道徳的節度について繰り返し指導することしか方策はないようです。

以上のように、七つのいじめが複合的に絡み合って、容赦なく子どもたちに襲いかかっています。教師や親が毅然とした態度でねじれを一つ一つ丹念に解かしていくことが時代的要請となっています。

教室の片隅から③

ネズミといじめ

家庭生活が安定せず、身なりも少々不潔なDくんを担任していた時の話です。このクラスも五年生の担任が様々な事情により転勤することとなり、六年生一年間を私が担任しました。Dくんは母親と二人暮らしで、母も忙しく働いていたため、身の回りのことや食事の用意までも自分でしていました。五年生までは、運動会の弁当も作ってもらうことができず、校庭の隅で一人パンを食べていたようでした。同じ境遇だった私は、学校行事に親が来られない不憫さを身にしみてわかっていたので、運動会や遠足の弁当をDくんの分まで私の母に頼んで、こっそり渡したことを思い出します。

クラスでもDくんは疎外されていました。男子ばかりでなく女子からも、不潔なことや遅刻をすることが原因で距離をおかれていたのです。自分がクラスの仲間からよく思われていないことを知っているDくんは、笑うこともほとんどなく、凍りついたような表情で苦しみに耐えるようにして学校生活を送っていました。

遅刻してくるDくんのいない朝のホームルームで、私はいたずらを企てました。リーダー的存在で周囲からの信頼も厚いE子さんを職員室へ遣いに出し、その隙にE子さんの机の裁縫道具の中に精巧に作られたおもちゃのネズミを忍ばせたのです。他の子どもたちには、「E子さんの反応をよく観察しようね」と話し、協力を頼んだのです。何も知らないE子さんは教室に戻ってきました。そこで私は、こんな話を始めました。

「最近、教室が汚れています。特にみんなの机の中はひどいものです。給食で残したパンが何日もそのままに入っていることもあります。そんなことをしていると机の中にネズミが棲みつくかもしれませんね。そんな不潔な人はいないでしょうから、みんなの机の中は大丈夫だと思うけど、念のため点検してみましょう」。みんなは「えー」などと言いながら、一番前の席に座るE子さんを横目にみながら、立派に役者を演じています。大半の子は、「大丈夫でーす」と点検を終えたふりをしてE子さんをみています。E子さんも「大丈夫でーす」と言い平然としています。私は、「ネズミは、どんな所にも入り込みます。

裁縫道具や筆箱の中は平気かな」とさらに問いかけると、いたずらを知っている他の子は、「みました」と口々に返答しましたが、Ｅ子さんは机の中の裁縫箱を取り出しました。みんなもＥ子さんを凝視しています。Ｅ子さんが裁縫道具のふたを開けた瞬間、ドキッとして即座に周りを見渡し、慌ててふたを閉めました。

「どうしたＥ子さん」と尋ねると、真っ赤な顔をして固まっています。「まさかネズミがいたのか？」と聞いても、何も答えられません。私が近づき裁縫道具のふたを開けようとした手をＥ子さんは遮ろうとしましたが、時すでに遅しです。「随分大きなネズミだね」と言って、しっぽを持ってみんなにみせたのです。あまりにも滑稽な一連の様子をみて、教室は大爆笑の渦に包まれました。Ｅ子さんもおもちゃであることに気づき涙を流しながら笑っています。

このあと、騒ぎが収まった後でＥ子さんに、どんな思いがしたか発言してもらいました。「まさか自分の机の中にネズミがいるなどと思わずにいたのですが、発見した時は頭の中が真っ白になってとっさにふたを閉めました。不潔だなどとみんなに思われたくなくて、でもネズミが動き出したらどうしようかとパニック状態でした」。

Ｅ子さんの話を聞いた後、私はＤくんの話を切り出しました。

「みんなはＤくんのことを、汚いだの臭いだのと言って仲間外れをしていますね。Ｄくんの家庭のことはみんな知っているようだけど、お母さんが仕事で忙しくて食事の準備や洗濯などはDくんがしているのです。ついつい洗濯せずに汚れたままの服を着て来ることだって仕方のないことだね。みんなは服を自分で洗濯していますか？　Dくんの立場になって考えたことはあるのでしょうか。Dくんの状況も考えずに、汚いとか臭いなどと仲間外れにするみんなの心の方が不潔です。さっきはE子さんだって、もしかしたら自分の机の中が汚れていてネズミがいてもおかしくないと考えたかもしれません。身なりで人をいじめることは最低なことだとは思いませんか」。

子どもたちはその後、Dくんとすぐには仲良くはなれませんでしたが、「汚い」とか「臭い」と言って非難することはなくなりました。Dくんの母親にも家庭訪問して、「お母さんも大変だけど、Dくんも一番多感な時、着ているものなどで卑屈になってほしくないのです。もう少し気を配ってあげてくださいね」と話しました。もともと優しく思いやりのある子だったDくんは、母親の努力もあり、次第にクラスにうち解け表情も明るくなって行きました。

今ではDくんも三十歳を過ぎ、再婚した両親の家業を手伝い、奥さんと子どもにも恵まれ、楽しい人生を送っているようです。E子さんには気の毒な思いをさせましたが、いじめ解決のきっかけにはなったと思います。

Ⅲ　いじめのない学校をめざして

将来のある子どもたちがいじめを苦にして自らの命を絶つことは、教師として最も辛い出来事です。「どうしてかけがえのない命を救ってやれなかったのか」、「なぜ、もっとしっかりと悩みを受け止めてやれなかったのか」と担任教師はその無念さを一生背負いながら生き続けなければなりません。この尊い犠牲を風化させないためにも、いじめ発見の具体的手だてや解決法について提言をします。いじめのない学校づくりの一助となれば幸いです。

[12]……担任教師ができるいじめ発見の四つの具体的手だて

「わが子がいじめられているのではと相談したけれど、担任の先生は具体的に何もしてくれなかった」などという親のコメントを新聞報道などで目にすることがあります。教師が親の相談に対して何も行動を起こさなかったとすれば論外ですが、大抵の場合デリケートな問題でもあるために事実関係をつかむのに時間がかかり、その結果、親との温度差が生じてしまい、教師不信となるケースが少なくありません。学校は「いじめは必ずあるもの」などという性悪説に立ってはなりませんが、「あってはならないいじめを早期に発見する」という視点で緊迫感のある対応をすることが望まれます。ですから本人や親から相談を受けた段階では、もういじめは深刻な状態に進展していると考えるべきです。大切なことは、教師が「自分のクラスや学校からは決していじめの問題を出さない」という信念で、決して対症療法的な後手後手の対応をしてはならないということです。それには、意図的に計画的に早期発見するための具体的手だてに取り組むことです。

①「帰りの会」では自由に発言できる雰囲気をつくろう

学級が、「担任対子ども」という構図になってしまうと、担任の一つの眼でしか子ども集団をみられなくなってしまいます。そういう状況ではいじめを発見することは非常に困難です。特に高学年のいじめは水面下で巧妙に行われ、いじめられている子がみんなの前で声を上げることがむずかしい状況に陥っている可能性があります。しかし、教師が知らないだけで、子どもたち同士は周知の事実であるということも少なくないのです。「帰りの会」（ホームルーム）で学級の諸問題を自由に発言しあえる雰囲気を醸し出したいものです。そのためには、勇気を持って発言した子どもが不利益にならないように教師は細心の注意を払うことです。「告げ口をした」などと発言した子が報復されるようなことのないように毅然とした態度で諭し、子どもたちに正義の本質を見抜く眼力を育てる必要があります。学級に担任以外のもう一つの眼が育てば、正義が歪曲されるようないじめは早期に発見できます。

②学級に「心のポスト」を設置しよう

学級のなかに、子どもたちの悩みや心配事を自由に投函することのできる「心のポスト」（仮称）を設置してみたらいかがでしょうか。帰りの会など、人前ではなかなか発言できない子どもたちのために日々の悩みを匿名で担任教師に知らせるための手だてです。勇気を持って言葉で表現できない子どもの方が深刻な悩みを抱えているケースがあります。「心のポスト」は、教室の事務机の上に置いて、担任がしっかりと管理しましょう。鍵のかかる投票箱のような物が最適ですが、手作りであっても子どもたちが中をみられないように頑丈に仕上げれば問題ありません。教師は毎日確認し、どんな些細なことでも即座に対応することが大切です。

③週に一度、子どもたちに簡単なアンケートをとろう

次に紹介するアンケート（表2―1）は、いじめ、虐待、学級崩壊を早期に発見するために考案したものです。この表をもとにして、週に一度曜日を決めてチェックすれば、子どもの変化をつかむことができます。子どもに、◯だけを記入させるだけなので、用紙の配布から回収まで二分程度でできます。実施する曜日は子どもたちの悩みや不安が蓄積される週の後半が望ましいと思われます。ただし、金曜日では、翌日から休みに入り担任としても動きがとれなくなることもあるため、木曜日の下校前などが適当でしょう。回収は二つ折りにさせて直接担任

表2-1　こころのかがみ

このアンケートは皆《みな》さんの心《こころ》の中《なか》にある悩《なや》みや不安《ふあん》をうつしだすかがみです。

年《ねん》　組《くみ》　名前《なまえ》

番号	設問	はい	いいえ
1	体調《たいちょう》は良《よ》いですか		
2	よく眠《ねむ》れますか		
3	食欲《しょくよく》はありますか		
4	家族《かぞく》との仲《なか》は良《よ》いですか		
5	放課後《ほうかご》や休《やす》みの日《ひ》に友《とも》だちと遊《あそ》んでいますか		
6	友《とも》だちとの仲《なか》は良《よ》いですか		
7	クラスのみんなとの仲《なか》は良《よ》いですか		
8	いじめられていませんか		
9	クラスの中《なか》にいじめられている子《こ》はいませんか		
10	悩《なや》んでいることはありますか		

に手渡すという配慮をすれば、「こころのかがみ」という表題からもわかるように、子どもたちは本音を映し出してくれるはずです。もしも「いいえ」に○があったらその日のうちにその子どもの自宅に電話をかけて、詳しく話しを聞いてみることです。状況によっては、翌日にその子に適当な用事を言いつけるなどして、個別に話を聞ける機会をつくり、何気なく面談をすることが必要です。深刻な場合は、家庭訪問をして親も交えて話し合う必要があるでしょう。

④月に一度、個人面談をしてみよう

月末の三日間位は、子どもたちと個人面談をしてみましょう。これは、休み時間に空き教室などを利用し、一人一分程度直接話し合うというものです。出席番号順など、機械的な順序で数名を廊下に待たせ、次々に行います。質問は、「最近悩んでいることや心配なことはありませんか」のただ一つで、「ある」と応えた子にはその場ではなく、その日のうちに自宅に電話をかけてじっくりと悩みを聞きましょう。合わせて保護者にも状況を丁寧に伝えることが大切になります。深刻な場合の家庭訪問は、たとえ休みの日でも行うなどの迅速な対応が必要です。大切なことは、どんなに多忙な時でも子どもを最優先し、表情や行動をきめ細かく観察し、ここに紹介したような具体的な手だてを地道に継続することです。

［13］……いじめの「早期発見ポイント十」とその対処法

小学校の担任教師は一日九時間ほど子どもと生活を共にします。それだけ長い時間子どもと過ごしているのですから、教育のプロとして、いじめを見抜けなかったとしたらそれは、職務怠慢、教師失格と言われても仕方がないでしょう。ネットやメールの普及で表に現れないいじめがあるとしても、教室での子どもの表情や行動をしっかりと観察していれば、その兆候は発見できるはずです。

ここでは、いじめの早期発見とその対処法について十のポイントを整理します。

①授業中の集中力がなくなり、学業成績が極端に下がる

いじめを受けている子どもは学校生活の中で、日々苦痛と闘っています。だから、授業にも集中できず報復を恐れて目立つ行動もとれなくなります。そして発表する回数も極端に減少し、テストの成績も低下します。このような子どもにはいじめを疑って授業中の表情を観察し、机間指導などにおいてノートにきちんと記入しているかなどを細かくチェックしましょう。いじめが解決できなければ何も手がつかないのは当然のことなので、夜に電話を掛け、事態によっては速やかに家庭訪問をし、子どもの心の叫びに耳を傾けましょう。

②休み時間などに相手がなく、廊下を徘徊したり読書に耽る

休み時間に一緒に遊ぶ仲間がなくなり、あてもなく廊下を徘徊したり、読書に耽る行動が目立つようになります。廊下の徘徊は、他のクラスの子に声をかけてくれないかと探そうとするシグナルの可能性があります。そのため、学年の教師は意図的に廊下の様子を観察するなどの連携を図り、異変を察知しましょう。読書ばかりしている子には担任が声をかけ、寂しい胸の内を聞いてやりましょう。

③靴や物がなくなる

特定の子の靴や物が隠されるというのは、学校で一番多いいじめで、いじめの初期段階と言えます。この場合は、なくなったものがみつかるまで休み時間を返上してでも、みんなで探させることです。合わせて「一番卑劣な行為であること」や「自分がされたらどう思うか」、「隠している瞬間の自分の姿を思い出してみよう」などと丁寧に諭します。下駄箱の様子をみることで子どもたちの生活の乱れがつかめますので、担任は一日一度は見回るようにしましょう。

④ロッカーや机の中が乱れ、落書きをされる

ターゲットにされている子のロッカーや机の中が荒らされます。机の上に心ない落書きをされたりすることが目立つようになります。子どもたちが下校したら、担任自らが机を一つ一つ整頓することや、ロッカーの様子を観察することです。落書きがあったらすぐ消して、翌日「大

変悲しい話として」全員に話しましょう。こうして担任以外の眼をクラスに育てることです。

⑤放課後一人で帰る

小集団のいじめでは、いじめられている子も一緒に帰るよう強要されますが、学級全体のいじめの場合は、孤立してしまい一人で帰ることが目立つようになります。教室を出る子どもの様子を観察したり、時には校門を出た後の行動を何気なくみるように心がけましょう。担任はできる限り多くの時間、教室にいて話しやすい雰囲気をつくりましょう。放課後の子どもたちの人間関係にも気を配ることがいじめや学級崩壊の予兆を探る手がかりとなります。

⑥欠席や遅刻が目立つようになる

いじめられている子どもは登校を渋ります。特に月曜日の欠席や遅刻が多くなりがちです。欠席の連絡が親からあったとしても、担任は、夕方必ず電話を掛けましょう。休みが二日続いたら必ず家庭訪問をしましょう。連絡のない遅刻や欠席の場合は迎えに出向くことも必要になるでしょう。

⑦掲示物の名前や写真にいたずらをされる

掲示物のある名前や行事などの写真に、特定の子だけがいたずらをされるようになります。みつけたらすぐに張り替えることや、「もしも自分がされたら」などと投げかけ、子どもたちの心に響くように切々と諭すことです。さらに大切なことは、教室の環境には最善の配慮をすべきだということです。整然ときれいに整頓されていれば、つまらない気など起こりません。ゴミや不要物はもちろんのこと、学習に直接的に関係のないものなど、教室に集中力を妨げるような無駄な物はないかと毎日見渡してみましょう。

⑧班編制をする時に孤立してしまう

グループをつくる時に誘ってくれる友だちがいないため孤立してしまう子がいます。この問題は、学級でよく出現することですが、担任が無神経で配慮に欠けていては、さらにエスカレートしていきます。子どもたちは「好きな人同士」を主張したがるものの、「もし将来あなたが孤立したらどういう思いをしますか」と問いかけて話し合えば、子どもたちは自然と「くじ引き」などの方法を選択するものです。人権的配慮に欠けてしまっているのは教師なのかもしれません。

⑨隣に座る子が机を離し、嫌な顔を露骨にする

席替えなどの際に隣の子に露骨に嫌な顔をしたり、机を離して座ろうとします。私は方針として毎週席替えをし、誰とでも仲良くしたり、友だちの良さを再確認するようにしています。そして、最初の約束として、「もし、隣の子に失礼な態度を取ったりしたら二度と席替えをしない」と伝えます。感情を露骨に表現してしまうことはリスクを伴うのだと教えることも大切です。

⑩ 行動が投げやりになり、自虐的行為が目立つ

いじめが深刻化してくると、「もうどうにでもなれ」と投げやりで自虐的な行動が目立つようになります。いじめを受けている子は、家庭では家族に八つ当たりしている場合が多いので、家庭訪問をして家での様子をつかむことです。学級では、命の尊さについて副教材などを活用しながら指導することと、自尊感情を育む活動が求められます。

[14]……いじめのない学校づくりのための三つの取り組み

小規模校以外の小学校では、毎年あるいは二年毎に学級のメンバーが替わりますが、いじめは一つの学級内で発生するとは限らず、前の学年の関係を引きずって学年全体の構図になっている場合も少なくありません。部活動や地域の関係がもつれたケースなどでは、複数の学年までまたがった学校全体の問題に発展します。ここでは、学校全体でいじめを根絶させるための方策について紹介します。

①より能動的ないじめ対策の組織を構築しよう

学校には様々な校務分掌がありますが、有効に機能している組織と、「絵に描いた餅」のような形骸化した組織も少なくありません。「生徒（生活）指導部会」がいじめなどの子どものトラブルについて定例に、あるいは臨時に会議を持っている学校がほとんどで、問題行動後の

対策に追われることが多く、どうしても「起きてからどうするか」を考える対症療法的な話し合いになってしまうことが多いのではないでしょうか。

いじめの問題が深刻化し、さらには複雑化している今日、担任一人でこの問題に立ち向かうことは不可能です。そこで、学校に「いじめ・学級崩壊等対策委員会」などを組織して、全校体制でより能動的にアクションを起こすことが肝要でしょう。校長（教頭）、生徒指導主任、スクールカウンセラー（養護教諭）、学年代表の教師などで組織し、定例（最低月一回）に会議を持ち、予防策、早期発見策、解決策について各学年の子どもの現状を踏まえながら、即実行できる具体策を策定し、火急的速やかに行動します。子どもの尊い命を犠牲にしたくないと思えば「次回の会議までに」とか「学年会で話し合ってから」などという緊迫感のない姿勢はよい結果をもたらしません。

本章［12］でも紹介したようなアンケート（こころのかがみ）などを全校で取り組むことや、子どもの異変に気づいた時の速やかな対応窓口体制づくり、さらには保護者との連携の具体策について危機感を共有しながら話し合って行動することが大切です。

②子どもの心の叫びに耳を傾けよう

子どもの心の叫びをいち早く察知しなければならないのは担任教師です。しかし、教師一人の力には四十人近くの子どもの悩みに対応することには限界があります。また、担任との関係がこじれている子どもは、やり場のない悩みを抱え悶々としていることも予想されます。
そこで、本章［12］でも紹介したような目安箱的な性格の「心のポスト」などを学校の複数の場所に設置してみたらいかがでしょう。各学級に設置することが一番望ましいのですが、無理な場合でも各学年に一つぐらいは用意しておくべきです。一カ所だけだと投函するには人の眼が気になり、ついつい断念してしまうことが多いためです。日直当番の先生や担当者をしっかり決めて毎日必ずチェックして、必要性を認めた事例には臨時に「いじめ問題対策会議」を招集して、即対策を講じましょう。設置に際しては、全校朝会などで全児童に利用について周知徹底を図ることが必要です。

③心の触れ合う行事を計画しよう

学校週五日制の実施、安全面への配慮、親の価値観の多様化によって、学校は行事の削減に迫られてきました。毎年何の疑いも感じずに、あまり子どもたちの豊かな感性を育てていなかった行事が精選されることは仕方がないことであるとしても、子どもの人格の陶冶にとって価値のある行事までが縮小されたり、廃止されたりするのは、学校生活に潤いをなくしている気がします。

同志社大学フェロー・大阪大学名誉教授の加地伸行氏は、産経新聞平成一八年一〇月二九日の「正論」に「今こそ共同体的感性を育てよう」（合宿で無償の愛とまごころを学ぶ）という

論文を寄せています。そこには、

「今日の児童・生徒は共同体的感性が欠けていて、家族を除くほとんどの共同体は崩壊している。最後の共同体である家族さえも危うくなってきていると指摘している。共同体的感性とは、無償の愛とかまごころとかいったものであり、今の学校では、友情におけるまごころの大切さを教育していないため、合宿の必要性を強調している。小学校四年と中学・高校各一年のそれぞれ四月の一ヶ月間に各都道府県の過疎地の廃校舎を使い、食事はすべて自炊し、生活を共にする」

という内容の提言がなされているのです。

学校現場で即実行することは無理であるとしても、発想はまさに今の時代の教育に一番大切なことを示唆しているという感じがします。「自然の中では人間はいかに無力なものであるか」、「仲間と手を携えなければ何も先に進まない」などを実感できる体験が確かに今の子どもたちに欠落していて、トラブルを自分たちの力で解決することのできない脆弱な子どもが増えてきています。

今後学校でも形骸化した行事を繰り返すのではなく、共同体的感性の醸成を意図的に促す取り組みを実施することが求められています。例えば、縦割りの異年齢集団で自炊合宿体験を夏季休業中に学校で実施したり、「ドミノ倒し」や「大凧づくり」などの大勢が丁寧に協力しなければ遂行できない行事を推進したりすることです。お互いの性格を尊重し、欠点を補えるような集団が構築できれば、いじめなどの問題は発生しないと信じています。

最近では、子どもたちを取り巻く社会環境が低俗化の一途をたどり、親の価値観も驚くほど多様化することも重なって、教育受難期が到来していると言っても過言ではありません。報道によれば、学校に無理難題を持ちかける理不尽な親や、自らの権利だけを声高に主張し義務を果たさない親などの出現により、本来子どもに注がなければならないエネルギーまでも教師は、親に費やさなければならないという現実もあります。まるで「親による教師いじめ」とも言える現象が、学校教育に閉塞感を生み出していることも事実です。こんな時代だからこそ、親と教師とが手を携えて「共育」するという姿勢を持ちたいものです。

さらには、携帯電話やパソコンが普及したため、親を通さずに電話やメールで直接子ども同士がやりとりできるようになったこともあって、いじめは年々潜在化し発見が困難になっています。情報化社会は子どもたちに有害な情報までも垂れ流しにしてしまい、いじめ問題の解決に重くのしかかっています。

今後さらに、教師もいじめや学級崩壊の恐怖と闘わなければならない日々が続くことになるでしょう。しかし、いじめで奪われた尊い命に報いるためにも、「教育は人なり」という言葉を肝に銘じながら、至高の愛で子どもたちを包もうではありませんか。

教室の片隅から④

悪魔が来たりて　くつ隠す

F子さんは少々生意気なところがあり、男子と衝突することが度々ありました。前の学年の時から何度も靴を隠されていたようですが、六年で私のクラスになり、一ヶ月近く隠されていなかったのも束の間、五月の連休明けに、また靴隠しが始まったのです。

そこで私は、本書にも紹介しているように、子どもたちに休み時間を返上させて探させたのですが、一向に見つかりませんでした。二日間は学校の予備の上履きで過ごしたF子さんですが、周りを気にする彼女は新しい上履きを買ってきたのです。しかし、その上履きも数日で隠されてしまい、事態はかなり深刻な状況になっていました。気丈に振る舞っていたF子さんも、新品が隠されてしまった時には、さすがにショックを隠せない様子でした。

これと言った妙案も浮かばぬ私は、少々やり過ぎかとは思いましたが全員の上履きを脱がせ、F子さんと同じ不自由さを体験させました。トイレでは、子どもたちにサンダルを交互に履かせすまさせました。その後二日間そのまま過ごさせてから、学級全員に向かってこんな話をしました。

「上履きのない生活は不自由だろう。でも、F子さんは上履きがないばかりか、心無いクラスの仲間から想像をはるかに超えた辛い思いをさせられている。

隠している者に伝えたい。「隠された者の立場に立って考えろ」などと言っても、もうそんな話は何度も聞いているだろうから繰り返すつもりはない。でも、隠そうとしてF子さんの上履きに手をかけた瞬間の自分の姿を思い出してほしい。その瞬間、何の罪悪感もないならば、その人間は病気である。心の中に悪魔が潜んでいるだろう。その悪魔はどんどん増殖し、人としての心も全て食い尽くしてしまう。F子さんは私に、隠している仲間に対する恨みを一言も話していない。むしろ、私が悪いのではないかと反省している。先生は、隠している子よりも数倍F子さんは立派だと思う。今ならまだ間に合う。心の中にある悪魔を吐き出してしまおう。そして、心の中だけでいいからF子さんに謝ろう」。

F子さんを含む数名の女子は涙をながし、男子も神妙な面持ちで聞き入っていました。その夕方、F子さん宅を家庭訪問し、母親に事の顛末を話しお詫をしました。F子さんも翌日また新品の上履きを買ってきて、クラスもいつも通りの生活に戻りました。

その後卒業までF子さんの靴はもちろん、他の子の靴が隠されたことは一度もありませんでした。

これは、十五年ほど前のことですが、随分と思い切ったことをしたと思います。もし今だったら、保護者からやり過ぎとの批判を受けていたかもしれません。でも、教師には、いじめられている子どもを守るためなら、「どんな非難にも打ち克つのだ」という強い信念がなければならないと思います。

第3章 青年教師に贈るサクセスメッセージ

I　学級経営スタート前に

三月の卒業式・修了式。

今まで担任してきた子どもたちを進級、あるいは卒業させた余韻に浸る間もなく、教師たちは次の年度に受け持つ子どもたちとの生活の準備に追われます。期待と不安が入り交じるなか、わずか数日間で気持ちを切り替えなければなりませんが、子どもたちと顔を合わせる始業式までに、どのような視点から何をすべきなのか考えてみましょう。

〔15〕……先入観は暗中模索の始まり

新学期、子どもたちは何らかのきっかけを待っています。「今度の担任は私のことを理解してくれるに違いない」、「今年こそは今まで叱られ続けてきたことを直したい」などのように、年度の変わり目に子どもは、変身のチャンスを狙っています。

そんな時に「前の担任の先生に聞いたけど、君は忘れ物が多かったようだけど、今年はなくすように頑張ろうね」とか、「今までは友だちが少なかったようだけど、新しいクラスではたくさんつくろうね」などと教師が話しかけたらどうなるでしょうか。担任は、励ましのつもりで発言したのでしょうが、子どもからすれば、前のことまで引き合いに出して嫌味な担任だと思ったに違いありません。前の担任からのたくさんの情報は有効ですが、時として先入観をすり込むことになり、その結果、教師の新鮮な感性を鈍らせ、子どもとのすれ違いを生じさせ、暗中模索のスタートにさせることになりかねません。前担任や前学年の教師との引き継ぎは、次の三点に留意しましょう。

①性格面、学習面、健康面、交友面など項目を明確にして、より客観的であること。
②複雑な家庭環境や身体的なことについての配慮点ついては綿密に。
③だらだら世間話的な会話になることなく、より事務的に。

真っ白な画用紙に自由に絵を描きたいと願っている子どもに、教師の色眼鏡で勝手に下書きをしてしまうことのないようにして、ゆったりと性善説でスタートさせましょう。悪い子になりたいと考えている子は一人もいないのですから・・・。

[16]……教室は学習効果を高める場

二十五年も前の話になりますが、当時教育現場に視聴覚機器が次々と導入される様子をみた大先輩の教師が、「教育は人なり、授業は黒板とチョークで」と口癖のように言っていました。

「不易と流行」とはよく言ったもので、これは利便性や効率性を求めるが故に忘れかけそうになっていた「不易」なもの、教育の真髄をついた大先輩の名言でした。

さて、教師には教室の児童用の椅子に腰を下ろし、机に向かってしみじみと教室環境をみつめ直す余裕があるでしょうか。本来なら学習のために使われるべき黒板には、日付や日直の名が丁寧とはお世辞にも言えない文字で雑然と記され、さらには滅多に使わないマグネット、忘れ物をしている子の名前が何日も消されずに残っていることもあります。また、前面の掲示板には各種のお便りが所狭しと貼りめぐらされ、給食の白衣や配膳台までもがあったりします。おまけに担任の事務机は多忙さを誇示するかのように物で溢れ、好みのキャラクター人形やアイドルの写真までもが置かれている有様です。

これではどうやって子どもたちに「学習に集中しろ」と言うのでしょうか。「教室の前面はシンプルに整然と」と、大昔から言われ続ける教育の常識は、死語になりつつあるようです。映画館のスクリーンの周りにやたらに雑然と掲示物などがあったら二度とご免ですね。

学習に集中できないから私語が目立ち、手いたずらが増え、挙げ句の果てに授業妨害へとエスカレートするのです。学習に集中して成就感が体感できた子どもは、決して授業妨害などしません。子どもの目線でもう一度教室を後ろからみつめ直してみましょう。

[17]……さりげなく日めくりカレンダーや花を

二〇〇六年、六年生の担任をした時、花屋で「頭の良くなる花」という宣伝文句に目がとまり、レッド・ジャクリーンという花を買い、それを教室の後ろに飾っておきました。最初はあまり気にとめなかった子どもたちも「頭の良くなる花」というカードに興味を示したのか、次第に休み時間などに花の周りで植物談義を始めるようになりました。ある日の放課後、私は荷物を取りに教室に戻ったところ、男の子が花に水をやっていたのです。彼は、私に気づくと照れくさそうに「花が枯れそうだったから」とつぶやきました。植物の生長などには無関心であろうという印象の子だっただけに、彼の行為には驚きました。その甲斐あってか、わがクラスの「頭の良くなる花」はクラス全員の愛情をたくさん注がれ、卒業間近まで可愛らしい赤い花を咲かせ続けてくれたのです。

一方、私の知り合いの教師は、毎年必ず日めくりのカレンダーを教室に掲示し、その日の歳時記を話し、誕生日の子がいる日はクラス全員でお祝いをしています。

荒れていく子どもたちは教室を無法地帯に変えてしまいます。しかし教室は学びの場として大切なところであるという印象を与えることで、子どもたちも生活の場としての快適さを求めるようになります。

当たり前のように時が過ぎ、立ち止まって考えることなどを忘れたような社会ではありますが、せめて教室だけは学びの場としての潤いがほしいものです。そして、生きていることが実感できる空間でありたいですね。これらは、ほんの少しの余裕と子どもに対する愛情さえあれば、誰もができることです。

[18]……教師用の事務机の位置を変えよう

「環境が人を育てる」とは教育界の常識です。「教室は学習効果を高める場」（77頁）でも記したように、教室環境は地道で確実に効果の上がる学習装置とも言えます。現に、子どもが荒れて教師の指導が行き届かなくなるケースに共通して言える予兆的傾向は、教室環境が雑然としてくることです。たとえば、机や椅子が整然と並べられない。掲示物が破れ、いたずら書きが増える。床には落とし物やゴミだらけ、これらは日々の教師の努力で改善することの事例は後述（第3章Ⅲ．地道に毎日続けよう」。96頁）します。

ここで私が提言したいことは、これまでの教室の配置についての概念を砕いてみたらどうかということです。通常、教師用の事務机は教室の前面に置かれている場合が多く、これでは授業中はもちろんのこと、休み時間や給食中も子どもと教師はにらめっこ状態にあると言えます。この配置はきっと「子どもを細かく観察しよう」との思いから何の疑いもなく通例化してきたものでしょうが、私は事務机を教室の後ろに配置しています。最初は子どもたちも戸惑っていた様子ですが、慣れてしまえば全く違和感を持たれません。むしろ正面からあまりじろじろと観察することは憚《はば》かられます。子どもたちの背中はとてもたくさんのことを訴えていたのです。子どもたちも常に教師の視線を正面から受け、つくり笑顔でよい子を演じるよりも、喜怒哀楽を自然に表現できるようで、よりよいリラックス効果がもたらされるようです。教師だって人間、たまには大あくびをして息抜きをしなければよい教育などできるはずがありません。お互いの幸せのために試してみてはいかがですか。

[19]……清潔感溢れる服装を…

二〇〇六年夏、甲子園に「ハンカチ王子」が登場、彼は連投の疲れを微塵もみせず、純白のアンダーシャツを汚すことなく丁寧にたたまれたハンカチで汗を拭いました。その姿は多くの人々に一服の清涼剤を与えてくれました。汗まみれ泥まみれが勲章のように讃えられていたスポーツの世界ではありますが、清々しい清潔感が多くの人の心をつかむのだという印象を与えました。

さて、教師という職業は、多くの人の面前でその営みが展開されています。まるでアイドルのように毎日毎日視線を注がれ続けているといっても過言ではありません。でも、アイドルならばスタイリストやマネージャーがいて身なりに気を配ってくれます。しかし、教師は日々の激務に疲れ果て、服装まで気が回らないという現実も抱えています。もし、「先生、汗臭いよ」とか「昨日と同じ洋服だね」などと一人の子どもから言われたとしたら、クラスの全員がそう感じていると思っても間違いないでしょう。

学級崩壊の要因の多くは、些細な行き違いによる教師への不信感が引き金となっていることが多いのだから、確固たる教育理念と崇高な子どもへの愛情があれば、服装ごときで子どもから不信感などを招くはずはないと思われる方が多いでしょう。でも学級崩壊に直面し悩み苦しむ多くの教師は、「まさか自分のクラスが」と思いながら、まさかが現実になってしまったのです。服装は指導技術の付加価値を高める有効な学習装置です。「ハンカチ王子」のように爽やかで清潔感溢れる教師がクラスに登場することを子どもも親も願っています。

教室の片隅から⑤

バスケットボールなんて怖くない

身寄りのない子どもや親から虐待を受けた子どもたちは、児童養護施設で生活していますが、法律の決まりで十八歳になると施設を出なければなりません。しかし、それまで施設で守られていた子どもたちの多くは、一人で生きていくための術を知りません。

私の主宰する子育て・教育支援スペース「こたにがわ学園」は、そんな子どもたちが自立への準備をし、社会の一員としての自覚を持たせるために設立した自立援助ホームです。

本学園のスタッフは、学校や幼稚園、保育所という職場での教育や保育の経験はあるものの、複雑な状況を抱える子どもたちを養育した経験がないために、自分たちに確固たる養育理念が構築されるまでは、公的な補助金などは仰がずに自主運営していこうと、心に決めています。そのため、本学園は、私たちの活動に賛同された会員の会費で運営しています。しかし、その運営の実状は火の車で、お金が続くか志が途切れないかというギリギリの状態で毎日を送っています。

しかし、ありがたいことに、そのような窮状の中、年金暮らしのお年寄りが毎月の賛助会費の五百円玉を握りしめて、わざわざ学園を訪ねてくださったり、私の教え子の家族全員が毎月欠かさず会費を銀行に振り込んでくれたりしています。ですから、このような崇高な支援がある限り、志を途切らせる訳にはいかないと心に刻んでいます。

さて、ここに紹介しました家族全員が会費を振り込んでくれているという教え子が、小学校時代に書いた卒業文集を掲載します。

飯島愛さんを六年生で担任した時、私のクラスは「テレビ朝日」の取材を受けることになりました。ニュース番組の中で、達人のサポートのもと、子どもたちが苦手なことを克

苦手な体育、バスケットボール

飯島　愛

「バスケットボールなんて大きらい！」などと言っていた私が、バスケットボールの取材をされることになりました。私は、とても信じられなくて、不思議な気分でした。

私が所属する青チームは、黄色チームに２連敗していました。そこで昨年度日本一となった日本鋼管の監督さんと選手の方に、特別練習をしていただきました。シュートをうつ時にねらう場所や、パスの仕方や、ドリブルの仕方などを教えていただきました。３回目の試合では、残念ながら負けてしまいました。教えていただいたシュートも、一本も入らなかったのでとてもくやしかったです。４回目の試合で、私がバスケットを始めてから初のシュートが決まりました。この後も、おどろくような出来事がありました。それは、私が逆転のシュートを入れたのです。とてもうれしくて、しんじられませんでした。でも、正直いってはずかしくて、もっと大げさに喜べばよかったと後悔しています。

そして、この日は私が初シュートをきめた日でもあり、青チームの初勝利の日でもありました。私がきらいだったバスケットがどんどん好きになってきました。

私がバスケットを好きになってきて、がんばろうという気持ちがわいてきたのは、テレビ放送を行ったことや青チーム８人のみんなが、いつもいろいろなことを教えてくれたり、はげましてくれたりしたからだと思っています。みなさんどうもありがとうございました。とても大切な思い出になりました。

服するという内容で、「バスケットボールなんて怖くない」という題名のものでした。そこで、飯島愛さんが一躍ヒロインになったのです。バスケットボールのナショナルチームの監督や選手が本校の体育館を訪れて特別コーチをしてくれることによって、体育の苦手な飯島愛さんや連戦連敗中の青チームが成就感を得るサクセスストーリーをつくることが制作意図のようでした。

しかし、残念なことに特別コーチに指導していただいた次の学習では飯島愛さんの活躍もなければ、青チームの勝利もなかったのです。「こんなこともあるでしょうから、取材はこれで打ち切りに」というテレビ局の申し入れに対し、私は、「子どもたちも放課後、秘密練習までしてがんばっています。学習計画では後一時間予定されています。せめて次の学習も取材していただきたい。子どもたちにも最後まで諦めないようにと常々いっているものですから」と説得しました。そして、作文にあるような奇跡が生まれたのです。飯島愛さんの卒業文集の端には、青チームのメンバー全員の名前がきれいに書き込まれています。

その後、飯島愛さんが高校生になった時、月刊誌『体育科教育』（大修館書店）に記事を載せることになったのです。編集者が飯島愛さんの出演した番組を見ていて、「その後、その時のことが、人生にどんな影響を与えたのかについて書いてほしい」というのが原稿依頼の理由だったことを記憶しています。

飯島愛さんは現在、二十五歳になり神奈川県の病院で看護師として働いています。小学生時代の夢を見事実現させ、張り切って仕事をしているようです。様々な患者さんを相手に辛い時もあるようですが、そんな時には、「先生との体育の授業」を思い出し、「努力は報われる」と心に言い聞かせながら頑張っていると、何年か前の同窓会で話してくれました。

Voice

ヴォイス

小谷川先生、ありがとう

星美学園高校一年
飯島　愛

試合終了の笛がなった時、私の頬に涙がとめどなく流れ落ちた。「まさか私が決勝のシュートを決めるなんて」という信じられない気持ちだった。

　私は、体育が嫌いというより、大の苦手でした。小谷川先生と出会うまでは、苦手なものはさけて通りたいという、逃げることしか考えていませんでした。体育の授業でも、目立たずなんとなく走り回っていれば友達からはやっているように見えるだろうと思っていました。それに、ボール運動などでは私一人ぐらいで試合内容が変わったりはしないと、少しさめたところがありました。

　そして六年生になった時、小谷川先生に出会いました。先生はとても楽しく熱心な方で、教科書の勉強より人間関係のことや、心の中に残ることを教えてもらいました。さらに体育の授業、特にバスケットボールの授業では、勝つことの喜びと勝利へのこだわりを教えてもらいました。

　二学期のある日、私達のクラスがテレビの取材をうけることになりました。初めは、軽い気持ちとテレビに出られるという嬉しさで一杯でした。でも取材が近づくにつれて、すごく重要なことをするのだと思い始めました。いよいよ撮影の日に入り、なかなか思い通りにできない自分が悔しくなってきました。なぜなら、その番組は私を主人公にし、私の体育嫌いを克服させるものだったからです。それなのにヘラヘラ笑っている自分に腹を立てたこともありました。そんな私に、先生は喝を入れてくれました。「逃げることばかりではいけない。どんなにつらくてもやり遂げなくてはならない」と。さらには、なかなか上達しない私の練習につき合ってくれたチームメイトの思いやりの心にも気づくことができました。

　最後の撮影の日、私の緊張はピークでした。ゴールの前でパスを待っている時も手足がガタガタでした。でも、私の中にはもう「ボールが来なければいいな」「私一人ぐらいどうってこともない」などという逃げる気持ちはありませんでした。今までシュートを決められなかった悔しさと絶対に入れてみせるという闘志でメラメラでした。そして、二本のシュートを入れることができて、そのうちの一本はチームの連敗をくいとめる決勝のシュートになったのです。

　私の心の中は、今までできなかったことができた満足感と、先生や友達への感謝で一杯でした。自然に涙がこぼれ、チームメイトに抱きかかえられました。初めて勝つことの嬉しさがわかったような気がしました。先生はそんな私に、「やれば努力は報われる」と言ってくれました。今でもその言葉は私の支えとなっています。

　私は、先生と出会ってからの一年間で、すごく成長したように思います。今ではどんなに大変な取り組みに対しても、最後にはやり遂げられるようになりました。この小学校時代で学んだ「私にだってやればできる」という自信が、これから先の私の人生での大きな力になっていくと思います。

　私の将来の夢は看護婦になることです。これは、私の小さいころからの憧れでした。3Kと言われるほどつらい仕事です。私には無理かもしれません。でも、ここで諦めたら小谷川先生に出会う前までの私に戻ってしまいます。あの時、体育の授業で学んだことが全て無駄になってしまいます。今の私はこれから先にある色々な壁に背を向けず、「やればできる」ということを忘れずに乗りこえて行きたいと思います。

　小学校の卒業アルバムのよせ書きの欄に、小谷川先生は「努力に勝る天才はなし」と書いてくれました。これからの私の人生の中で、「努力」という言葉をキーワードとして、決して自分自身に負けない充実した日々を送って行きたいと思います。最後に、「小谷川先生、本当にありがとう」。

これが私の、二十五年間の教員生活における数少ない成功談であり、この飯島愛さんのご家族が、「こたにがわ学園」の賛助会員として、今日の私の活動を支えてくださっています。毎月記帳する通帳を開くたびに、教え子に支えられている自分が、恥ずかしくもあり嬉しくもあるという心境になります。

Ⅱ　スタートラインに立ったら

いよいよ始業式・入学式。

子どもたちは進級や入学の期待と不安を胸に登校してきます。「どんな先生かな」「友だちできるかな」などと思いをめぐらせながらのドキドキワクワクの一日です。教師だって同じ思いで子どもたちと対面します。初めて教壇に立った時の初々しい姿を思い出しながら、新鮮な気持ちでスタートラインに立ちたいものです。

［20］……最初の十五日で大半が決まる

四月、子どもは緊張感の中で自己実現に向け努力してきて、やっと生活にリズムが出てきた頃にはゴールデンウィークに入ります。大人は連休を楽しみにしていても、学校がやっと楽しくなってきた子や登校を渋っていた子にとってはタイミングがよいものではありません。
ここで提言する最初の十五日とはゴールデンウィーク前の教育課程実施日のことです。この期間に、①学校や先生、友だちを大好きにさせること、②授業（学習）の中で一人ひとりに存在感を芽生えさせること、③学級や学習の約束事が守られるようにし、そのことに心地よさを感じられるようにすること、④いじめや仲間はずれが絶対に許されないことであることに気づかせること、⑤教室は清潔で気持ちのよい環境であることを知らせること、などを各学年の発達段階に応じて徹底することが必要です。軌道に乗せるまでの苦労を絶対に惜しんではなりません。ただし、この間に経験の浅い若い教師が陥りやすいのは、ついつい子どものご機嫌を取ろうとするばかりにサービス過剰になることです。「毎日休み時間に校庭で遊ぶ」、「授業中楽しい話題でしばしば脱線する」など、決して悪い行為ではありませんが、はたして一年間継続できるでしょうか。五月に入り学習進度に焦り、雑多の業務に追われるようになった時、子どもから裏切られたと思われないためにも、確かな見通しを持って、子どもの心をつかむテクニックを小出しにできる余裕を持ちたいものです。

［21］……学級目標や学級経営の方針は短い言葉で

私が二〇〇五年に担任した六年生の学級目標は、

「清潔な環境で、誠実に行動し、成功の扉を開こう」

という一文でした。「せい」の音でアリタレーション（頭韻）し、リズミカルでインパクトのあるものになるように配慮したものです。学級目標は知・徳・体や知・情・意・体をしっかりと網羅して考えるようにと、若い頃大先輩から指導を受けたことを思い出します。そのため通常は三つか四つの文章で設定されている学級が多いようです。確かにバランスよく子どもを教育することは当然のことですから目標も少々欲張ったものとなるのは仕方のないことなのかもしれません。しかし、教師がしっかりと押さえておくことと、子どもたちに確実に目標として浸透させたい内容は同様ではないでしょう。情報化社会に育った今日の子どもたちは、音としての言葉の響きには敏感です。だから、「あなたのクラスの学級目標は？」と突然尋ねてみても全員が堂々と答えられるようなインパクトの強いものを考えてみてはいかがでしょうか。

次に、この学級目標をどのように子どもたちに伝えるかがかなり重要な問題です。私は、始業式後教室に戻り、おもしろおかしく冗談混じりに自己紹介をし、リラックスした後にたっぷり時間をかけて話すようにしています。この時の子どもたちの集中の度合いが、これから一年間の学級経営がうまくいくかどうかのバロメーターになります。裏返せば、この話にたっぷり時間をかけて話ができないようであれば、教師のそのクラスへの思い入れが足りないと言えます。クラスの組織作りなど、形式的なことの準備に時間を費やすよりも、学級目標や経営方針を説得力ある形でどのように伝えるかのために多くの時間を割いてほしいものです。教師と子どものめざすところが明確に一致していれば、学級崩壊はあり得ないのです。

［22］……教師は「感動の演出家」に

十五年近く前のことですが、異動した先の学校で初めて子どもと顔を合わせた時のことです。始業式で担任が発表され、子どもとともに教室に戻った私は開口一番、「私は、弱い者いじめをする子を許さない。このクラスにそんな子がいたらこうするから覚悟するように」と真顔で話し、おもむろにハンマー（金槌）を取り出し、机の上に置いた私の左手を力の限り叩きつけました。一瞬子どもたちの顔は凍りつき、静まりかえったのですが、けろりとする私の顔と左手を見比べ呆然としていました。私は、微笑みを浮かべながらハンマーの先端の部分を二本の指で簡単に折り曲げてみせると、子どもたちは鉄ではなくゴムであることに気づき、教室は爆笑の渦に包まれました。

始業式でいかつい顔の私を見て、きっと「怖そうな先生だ」と思った子どもも少なくなかったのでしょう。そんな時にあまりにも不自然なつくり笑顔で優しそうに話をしたらかえって気味悪がられるだろうと思い、かねてより用意していた挨拶代わりのパフォーマンスをしたのです。その後、クラスは急に雰囲気が和らぎ、「本当はおもしろい先生なんだ」という安心感が漂ったようで、学級がスムーズにスタートできたことを昨日のことのように覚えています。

教師も子どもを選べませんが、子どもだって教師を選べません。一年間、毎日毎日顔を合わせ、喜怒哀楽を共有していくのです。私は、「教師は感動の演出家」であると思っています。子どもたちに至高な体験をさせるためには、プロとしてプライドを忘れることなく、時にはピエロになって子どもに驚きや感動を演出してほしいと願っています。

[23]……作文から心の叫びを聴こう

担任はどれほど子どもたちの本音をつかんでいるでしょうか。教室での様子や指導要録、保護者の養育方針や学校への要望を記した家庭調査票、前担任からの引き継ぎなどはとても重要な資料であることは間違いありません。しかし、これらの全ては大人の目線で子どもたちを見つめているものに過ぎず、子どもたちが今何を思い、どんな願いを持っているのかという心の叫びは理解できません。

私は新学期の二日目に必ず短作文を書かせ、子どもたちの本音を探っています。子どもたちに「これから作文を書いてもらいます。題名は自由です。書く量も自由です。内容は将来の夢や希望、最近悩んでいること、クラスの友だちや先生に期待すること、など何でも構いません。これは先生が君たちの本音を知りたいという願いで書いてもらうもので、成績には一切関係あります。親や友だちにみせませんし、先生だけが読み大切に保管します」と話して書かせます。子どもたちは、最初は戸惑っていますが、そのうち国語の学習で行う作文の時よりも集中してたくさん書きはじめます。男子が将来の夢などを、女子が家族や友だちへの不満を書く傾向がありますが、なかには、親からの虐待や、友だちからの陰湿ないじめの訴えなど、即座に対応しなければならない内容もあります。教師を信頼し、誰にもみせないという安心感が心の叫びを原稿用紙に託しているようです。しかし、この内容を良かれと思って親や友だちにわずかでも伝えてしまったら、取り返しのつかない不信感を招くので、子どもとの約束は誠実に守ることにしています。

［24］……イニシアチブは教師がとろう

「これから○○したいと思います」

これは、教室でよく耳にする言葉です。「これから○○します」という直接的な口調をさけるために、「・・・・と思います」と無意識に使っているようですが、「したい」と思っているのはこの場合教師です。子どもたちが教師との信頼関係をなくし、したいと思わない場合は「えー、なんでー」「やだー、めんどうくさいー」などとブーイングの嵐です。たかが語尾の言い回しのことでと思われるかもしれませんが、子どもたちは日々の担任からの指示言葉のなかで教師の情熱と揺るぎない信念を感じ取るものです。教育効果の上がるものを与え学習させるのですから、堂々と自信たっぷりに伝えてみてはいかがでしょうか。

さらには、学級崩壊を招く要因には「教師の指導に一貫性がなく、優柔不断で軸がぶれてしまう」ことがあります。子どもたちの意見を最大限に尊重することと、教師の指導方針が優柔不断であることとは次元が違うものです。「子どもたちの意見を聞いて」と投げかけるならば、指導の根幹までぐらついてしまうことのないように、事前に子どもたちの反応を予想し、その対応について吟味しておくべきです。教師に明確な指導理念がない状況にもかかわらず、あたかも理解ある教師であるかのように振る舞って、実は職務怠慢の「丸投げ」的な手法で成功することはないのです。

よい教師とは、子どもたちの本音や実態をよく理解した上で、入念に計画を立て、独善的な雰囲気をみせることなく、実際には掌の上で子どもたちを巧みに操り、成就感を与えられることだと思います。学級経営の責任者は担任教師なのですから。

教室の片隅から⑥

つながったバトン

四月も終わりに近づいたある日、体育の授業のために校庭に出ようとした私の目に、驚くべき光景が映りました。体操服姿のG子さんが校門に立っているのです。G子さんは体育の学習に参加しに来たというのです。「みんなは校庭に並んでいるから早く行くように」と促すと、何事もなかったかのように校庭へ走って行きました。

実はG子さんは、五年生の後半から欠席が増えだし、不登校の状態が続いていました。六年生で私が担任になり、教科書やプリントを届けに連日のように家庭訪問をし、本人とも関係はとれてきたのですが、どうしても登校はできずに一日一日と過ぎていったのです。そんなG子さんがなぜ突然学校に来ることができたのでしょう。

その疑問は、Hくんの機転を利かせた頑張りによるものだということが、すぐに理解できました。Hくんは学業成績も抜群で周囲に気配りのできる優しい子でした。Hくんのグループは体育のリレーの学習で毎回毎回最下位という屈辱を味わっていました。リレー三度目の学習のまとめで、私はこんな話をしたのです。

「Hくんの所属する赤チームは毎回最下位です。チーム力も均等に分けたはずだから、いったい何が原因なのだろうか。先生も責任を感じるから赤チームの特別コーチをしても構わないかな?」。その後「えーずるい」などの声もあがりましたが、いつも赤チームが大差をつけられて負けているためか、大きな反対もなくみんな納得しました。さらに私は、「でも、教師が一つのチームを特別コーチすることなどは、明らかにえこひいきです。だから、もし赤チームが最下位を脱出できなければ、先生もペナルティーとして校庭を二十周走ろう。みんな、お情けの手加減などするなよ」と話し、授業を終了しました。

その後、特別コーチと赤チームのミーティングは休み時間の度に続けられました。足の遅い子の走る距離が短くなるような作戦を考えたり、走る順番に工夫を加えたりしている時、Iくんがつぶやいたのです。「こんな時G子さんがいてくれたらな」

みんな同感したようにうなずいています。実は、G子さんは赤チームで、足が速いことをみんなは知っていたのです。

リレーの学習もあと二回となった前日、なんとHくんがGさんの家を訪ねたというのです。女子は時々来てくれていたようですが、男子の訪問に戸惑いながら、G子さんはHくんからこんな話を聞いたそうです。

「明日の体育の授業に来てくれないか。ぼくはG子さんと同じ赤チームなんだけど、リレーでいつもビリなんだ。今週と来週の二回でビリを脱出しないと、罰として先生が校庭を二十周走ることになってしまうんだ。G子さんは足が速いから頼むよ。じゃ明日待ってるね」。返事も聞かずにHくんは立ち去ったようでした。

次の日、G子さんは四時間目の体育に間に合うように、校門に立っていたのです。みんなに走り寄るG子さんを誰もが笑顔で迎えました。この時の子どもたちの何とも言えない笑顔は、今でも私の脳裡に焼き付いています。

その後のリレーで、赤チームは今までのことが嘘だったかのように、あっさり四チーム中三位を勝ち取りました。その後何度やっても赤チームが最下位になることはありませんでした。最下位脱出の瞬間、子どもたちは感動の涙でも流すのかと思い眺めていたのですが、誰も涙を流しませんでした。意外とドライな子どもたちに驚きながら、私は頬を伝う涙を隠れてそっと拭きました。

その日からG子さんは体育のある日は毎回登校してきました。その後、不登校は急激に改善することはありませんでしたが、修学旅行や運動会、学校行事の全てに参加できたことはG子さんにとっても、よい思い出になったことでしょう。

Hくんの咄嗟の行動がなければ、G子さんはもっと深刻な状況になっていたのかもしれません。「私が何度行くよりも、Hくんのたった一回で・・・・・」。

またまた教え子に救われた思いを実感した出来事です。

Ⅲ 地道に、毎日続けよう

新鮮な出会いで、順調にスタートした新学期、四月下旬までは物珍しさも手伝い、あまり大きな問題もなく乗り越えられるものです。しかし、ゴールデンウィークも終わり、教師も子どもも疲れが出た頃に、緊張感が欠落し目標がぼやけ学級崩壊の予兆が現れることが少なくありません。そうならないためには、当たり前のことを地道に毎日続け習慣化させることです。そうすることで、子どもたちの生活には見違えるような変容がみられることになります。

［25］……落ちているゴミの分だけ学級は荒れる

私が幼稚園に勤務していた時のことです。午後二時に園児たちを降園（学校では下校のこと）させた担任は、それから約三十分間掃除機などを使い徹底的に教室をきれいにしていました。本棚の本や壁、床の落書き、一人ひとりの道具箱の中まで点検しているのです。園児たちの汚し方は、小学生などとは比べものにならないものです。もちろん降園前に園児たちにも掃除をさせていましたが、それは習慣づけのためのものに過ぎず、担任は子どもたちを保護者に引き渡すとすぐに教室に戻り、黙々と清掃をしていました。

私はその姿に心を打たれたものですが、「一人ひとりの道具箱の中まで毎日点検するのは少々やり過ぎではないのか」と担任に問いかけてみたら、「幼稚園児に細かなものまで整頓させることは至難の業です。次の日に、規則正しく整頓された自分の道具箱をみて、視覚で覚え込ませないと、一年間で整理整頓ができる子は育たないのです」という言葉が返ってきました。さらに、「落書きは自分で消させたら?」の問いには、「幼児期の落書きはいたずらでやっているのではなく、その子にとってみれば作品なのです。その子は次の日も消されていないとさらに作品を拡げていってしまいます。書いてはいけない場所をわからせるには、言葉で厳しく叱っても『いたずら書き』を増やすだけです。作品は紙の上に書かないと、次の日まで残らないことを教えることも大切な幼児教育です」とベテランの先生が話してくれました。「環境が人をつくる」と言いますが、私は教育の真髄をみた思いがしました。

では小学校ではどうでしょうか。子どもたちを下校させれば直ちに会議、部活動、校務分掌の業務など、様々な事柄を退勤までにこなさなければなりません。のんびり子どもと話す時間もなければ、ましてや教師が教室を掃除する余裕などありません。しかし、「教室をきれいにする」という、こんな当たり前のことが、実は崩壊を防ぐ上で必要不可欠なことだったのです。

私は、帰りの支度やホームルームのやり方を工夫することで、一〇分~一五分の時間を確保しました。その時間に箒を持って床を掃き、前面黒板を徹底的にきれいにし、最後に子どもの椅子と机を寸分違わず整頓しました。そうすると、毎日繰り返す私の様子を見ていた男の子二人が手伝ってくれるようになりました。それ以後、クラスの子どもたちの意識も徐々に変化し、以前なら当たり前だったゴミや落とし物だらけの床、雑然とした机はほとんどみられなくなりました。

崩壊するすべての学級に共通してみられる現象は教室が汚れてくることです。幼稚園の落書きの事例のように、教師の地道な努力の積み重ねで、崩壊が拡大し慢性化する前に食い止めなければなりません。子どもたちが清々しい気持ちで教室に入り、落ち着いて学習が進められるように条件を整えるためにも、私は出勤直後と退勤前には教室に行って毎日観察しています。「教室は神聖な場所だ」と教師が思わなければ、子どもたちも大切な場所だと思うわけがありません。「使う前よりもきれいに」とは、ある公共施設に掲示してあった文言ですが、これは日本人が大切にしてきた思いやりの精神が詰まった名言です。教室は教師と子どもにとって崇高な空間です。「明日の成長のために、今日よりもきれいに」を合言葉に、コツコツと欠かさずに続けて行きたいものです。

［26］……教師からみれば大勢でも、子どもからみればオンリーワン

前述（80頁）したように、私は事務机を教室後方に配置させ、給食時間や休み時間の大半をそこで過ごしています。給食時間に食べている全員の子どもを後方からみつめ、午前中に会話をしなかった子どもとは、午後に必ず話をするようにします。

新米教師だった頃、私は毎日の日程を消化することに精一杯で、夜家に帰って一日を振り返ってみると、全然話をしていない子が大勢いることに驚いたものです。「そういえばあの子は

どんな格好でどんな様子だったかな」と思い返してみても思い出せません。子どもの立場だったらどんなに辛いことだろうと思い、それからは必ず最低一回は子どもと話をしようと心に誓いました。しかし、いざ試みてみると、子どもが興味を引くような話題を探そうとして苦労している自分がいました。「いかに子どもを知らなかったのか。興味のあることすら知らなかったのか」と痛感し、様々な方法で個々の子どもたちをみつめ直してみました。その後、経験を重ねるうちに、子どもに用事を頼むなどして接点を持つことも立派なコミュニケーションであることに気づきました。

「私に注目しなさい」などと子どもには視線を注がせようとしているのに、教師は子どもを注目しているでしょうか。元気な子どもたちはいつの間にか教師を取り囲み独占します。でもその光景をうらやましそうにみているおとなしい子はいないでしょうか。自分から進んで話しかけられない子に声をかけられる教師こそ、「プロ根性」があると思います。

[27]……挨拶は全ての基本だから…

「おはようございます」、「さようなら」、「いただきます」、「ごちそうさま」、「おねがいします」、「失礼します」、「ありがとうございます」など、学校生活には様々な挨拶が飛び交います。最近、この挨拶ができない子どもが増えてきています。しかもこれは、発達段階と相関関係はないように思えます。

私は現在、登下校時の安全を確保するというねらいから、正門で全校の子どもたちと挨拶を交わしていますが、六年生でも全く挨拶ができない子もいれば、一年生にもかかわらず、わざわざ私の目の前まで来て足を止め、元気よく挨拶をする子どももいます。この差は一体どこから現れるのでしょうか。それは、紛れもなく幼児期からの家庭教育が影響しているのではないでしょうか。このことについては第４章でふれますが、挨拶は生活全般の基本であるという視点から学校で行うべき挨拶の指導について考えてみましょう。

子どもたちが荒れ出すと、チャイムが鳴っても着席ができなくなります。担任が教室に入って来ようがお構いなしに好き勝手に行動し、「席につきなさい」と一喝してもダラダラと仕方なく動くだけです。これでは教師は悶々とする一方です。「教師が来たら、たとえ何をしていても元気よく挨拶し、素早く着席する」という当たり前のことを毎日できるまで徹底したいものですが、その指導のポイントは、「挨拶が小さい」とか「早く席に着きなさい」などと叱るのではなく、気持ちよく挨拶ができるようになるまで無言で何度もやり直させることです。私も教室に入った時の子どもたちの挨拶がしっかりとできない時は、何度も廊下まで戻り、もう一度教室のドアを開けたことがあります。教師はなめられたらおしまいです。

[28]……学級の係は一人一役で

表3―1は、三三人学級の係分担組織の例です。

これは、正副学級委員以外は全て一人一役で組織し、一日様々な場面でそれぞれの係が確実に任務を遂行しなければ学校生活が滞ってしまう仕組みになっています。係分担の決め方には、生活班を土台にしているパターンや希望者が複数で分担を担当するパターン。そして一人一役のパターンなどいろいろな方法が考えられます。私もあらゆるパターンを試した結果、一人一係の方法が一番有効に機能するという結論に達しました。一つの係を複数で担当すると一生懸命活動する子と怠けてしまう子の差が激しく、何もしなくてもすんでしまうことも少なくないからです。「私がいなくても」ではなく、「私がいなければ」という存在感を全ての子に持たせることが、使命感はもちろんのこと、他の子の仕事も手助けできる思いやりの心も育成できます。

表3-1　学級の係分担

三三人学級○数字は人数

学級委員	②	朝自習係	①
副学級委員	②	掲示係	①
班長	⑧	給食係	①
体育係	①	生き物・花係	①
レク係	①	窓・スイッチ係	①
新聞係	①	図書係	①
国語係	①	下駄箱係	①
算数係	①	保健係	①
社会係	①	手伝い係	①
理科係	①		
学習係	①		
集配係	①		
黒板係	①		
音楽係	①		

［29］……教師は時間に厳しく

一時期ノーチャイムの学校が増えました。これは、子どもの自主性を育むことや教育課程の弾力的運用のために一定の成果は上がったようですが、「子どもにけじめがなくなった」、「休み時間がまちまちで全体的に雑然としてきた」などの理由でチャイム制に戻した学校も少なくありません。また、一日に二〇回ものチャイムで時を伝える学校もあれば、「チャイム着席」などを合言葉に子どもたちに時間のけじめを厳しく指導する学校もあります。

では範を示すべき教師はどうでしょうか。打ち合わせが長引いたり、校務分掌の業務や授業準備などで時間がかかったり、などの理由で、意外と教師はチャイムを守れていないのではないでしょうか。「なぜ先生は」という不満は「先生だから仕方がない」という理由では納得させられるものではありません。授業開始のチャイムが鳴っても校庭や廊下、階段で平気で遊ぶような子どもが出てきたら学級崩壊の序章の始まりと考えてもよいでしょう。だからこそ教師も時間を守るということには特に厳しくなくてはなりません。

私は、学年始めの「学習の約束事」を話す際に必ず次のような話をします。

「私は時間が守れない人は大嫌いです。ですからみんなにもチャイムを守って行動してほしい。そのかわり先生も授業終了のチャイムを守り、みんなの休み時間をしっかり確保します。

この信頼関係を裏切らないようにしましょう」と。

そして、その後の授業ではチャイムが鳴ったら、たとえ板書の途中であろうと、説明や音読の途中であろうと即座に授業を打ち切り、終了の挨拶を促します。そうすると、子どもたちにもその誠意が伝わったようで、その後は次第に時間やチャイムを意識して行動するようになりました。自分自身の行動を棚に上げてガミガミと言葉で指導することより、教師自身が態度で示すことが大切だということです。

[30]……給食の様子からわかる学級崩壊

昨今、学校給食についてのニュースが様々な話題を提供しています。「朝食をとらず登校する子が多いため朝食まで用意する学校」、「給食費滞納者が多く、食材を変更したり、食券制を導入した学校」など、一瞬耳を疑いたくなるような事例が続いています。戦後の貧困期において、時代的要求として学校給食が果たしてきた役割に思いを馳せると虚しさすら感じます。食事は家庭教育の根幹であり、食事を与えなければ正真正銘の育児放棄（ネグレクト）となります。いっそのこと「給食をやめ全て弁当制にしてみたら」などと暴論も吐きたくなります。

こんな時代を反映してか、子どもたちの給食の様子を観察してみると彼らの実像が浮き彫りになってきます。極端な偏食、片食、少食の子どもたちは活力が感じられず、協調性に欠ける傾向があります。「箸の使い方」「食器の扱い」、「食材の粗末な扱い」「私語や姿勢」などのマナーの悪い子は、粗暴で集中力に欠けます。第4章でも記しますが、これらのことについてはあくまでも家庭がイニシアチブをとり、学校と連携して克服したいテーマでもあります。

崩壊するクラスは、給食の様子にも変化が現れます。「残菜が多くなる」「私語が多く雑然としてくる」「食べ物で遊び、食べ物を粗末にする」「特定の子のみがおかわりし、女子はおかわりをしたくてもできない」など無秩序で理不尽な様態が出現します。一部の横暴者に食欲までも影響されるとしたら、そのストレスはいつか爆発することでしょう。だから、給食のルールやマナーは民主的で誰もが納得できるものとし、それを徹底させます。食べ物の恨みは怖い。せめて給食だけはのんびりと落ち着いてとらせたいものです。

[31]……学級崩壊の温床にもなる朝自習

一日の生活のリズムをつくりだす上で、朝自習時間を効果的に運用することは極めて重要です。登校後の一〇分程度の時間帯を朝自習に充てている学校が多いようですが、担任は職員打ち合わせなどでその場につけないことが多いため、学級崩壊の温床となってしまうこともあります。朝自習のいくつかのパターンを挙げてみると、つぎのようなものがあります。

①基礎基本の定着のために全校体制で、明確な課題に取り組んでいる。

②「朝読書」などと称し、一貫して同じ課題に取り組んでいる。
③学級・学年単位で教師が課題を与え、係の子が指示をして取り組んでいる。
④学級・学年単位で係の子が課題を考え、自主的に取り組んでいる。
⑤全く課題がなく、休み時間と変わりなく好き勝手に行動している。

①、②、③の取り組みは明確な課題があるために評価との一貫性が保たれ、一定の成果を上げることができます。しかし、④のパターンは自主的にという文言だけが一人歩きし、限りなく⑤に近づく危険性をはらんでいます。⑤は論外で、まさに崩壊前夜にあるといえましょう。

朝の清々しい思いで登校した子も少なくないでしょうが、教室に一歩足を踏み入れると耳を塞ぎたくなるような喧騒が繰り広げられているとしたら、正常な神経で一日のスタートが切れるはずはありません。教師からすれば朝自習は盲点ともなるものですから、明確な目標を持って落ち着いてスタートが切れるよう最大限の配慮をしてみましょう。子どもたちは一度興奮してしまうと一日中ボルテージは下がらないものです。

[32]……生きていることが実感できる「帰りの会」を

二〇〇五年、私の担任する六年生全員は万歩計をつけて、学校生活を送ることにしました。

これは、「自らの一日の運動量を具体的な数値で知り、健康な生活に対する関心を高める」ことをねらったもので、朝登校したら机の中の万歩計を腰につけ、下校するまでの歩数を「健康と運動のチェックカード」（表3―2）に記入します。そして就寝時刻や起床時刻、睡眠時間、朝食の状況のほかに、今日行った主な運動について帰りの会の前に書き込み、その会の最後には心拍数を計測しチェックファイルを提出します。

毎日繰り返すうちに、心拍数を測る時の三〇秒の静寂が私には心地よいものとなりました。気がつけば物音一つしない空間は教室では本当に珍しいものでした。三〇秒間に一人ひとりの子どもたちの顔をみつめ今日一日の指導を振り返る。子どもたちも脈所を押さえながら瞑想にふけり、様々なことに思いを馳せる。子どもたちは、「心臓が全身に血液を送って私たちは生きているということを毎日実感できて不思議な感じがした」と口々に話していました。

病気でもしない限り、人は当たり前のように生きています。当然生きていることを実感するという経験など滅多にしません。心拍数を測るという単純なことでも毎日繰り返すことによって、子どもたちは生命の尊厳や生きていられることへの感謝を知ります。こうして、子どもたちは自然と優しくなったような気がします。また、この万歩計の取り組みを保護者会で話題にしたことで、保護者も睡眠時間や朝食をしっかりとることの重要性を再認識してくれたことは予想外のことでした。このように、単純なことでも地道に続ければ確かな力になることを実感しました。

表3-2　健康と運動のチェックカード

年　　組　　氏名

項　目	月日(　)	月日(　)	月日(　)	月日(　)	月日(　)
天　気	晴・曇・雨	晴・曇・雨	晴・曇・雨	晴・曇・雨	晴・曇・雨
就寝時刻(昨夜)	時　分	時　分	時　分	時　分	時　分
起床時刻(今朝)	時　分	時　分	時　分	時　分	時　分
睡眠時間	時間　分	時間　分	時間　分	時間　分	時間　分
朝　食	無・少・普・多	無・少・普・多	無・少・普・多	無・少・普・多	無・少・普・多
運動時間	時間　分	時間　分	時間　分	時間　分	時間　分
主な運動					
歩　数	歩	歩	歩	歩	歩
脈拍数	回	回	回	回	回
特記事項					

[33]……教師も箒を持って掃除をすると…

清掃活動の時間は学級経営のバロメーターであると私はとらえています。私語が多く休み時間の延長のような状態では、清掃はなかなか終わりません。こういう状態は学級崩壊の予兆であると考えてよいでしょう。「廊下は右側を歩く」、「掃除をしっかり行う」ことは、永遠に解決が不可能な学校教育の課題なのかもしれませんが、新車や新築した家は掃除に力が入るものです。ずっと美しい状態を保ちたいという愛着心の現れがそうさせるのでしょうが、子どもたちは学校や教室に愛着を持っていないのでしょうか。残念ながら「毎日生活する場所だから大切にしたい。きれいにしたい」という気持ちはあまりないようです。清掃時間に教師や当番が巡視したり、班長が帰りの会などで清掃状況を報告したりして、なんとか意識を高めたいと努力をしてみても、成果は一過性にすぎないのではないでしょうか。むしろあまり口うるさく言うと、かえって反抗し無秩序状態がエスカレートするケースの方が多いようです。

私もいろいろな方法を試してみたものの、これだという有効な手段は発見できていませんが、最近では教室を中心とした一定の場所で、私はとにかく箒を片手に黙って掃除をしてみることにしました。掃除に関係のない話は徹底的に無視をし、黙々と働き続けました。すると、どうでしょう。二、三日すると子どもたちの無駄な会話や動きが少なくなってきたではありませんか。次第に口コミで学級全体に私の清掃の様子が伝わったらしく、「先生は掃除が好きなの」と問いかける子が出てきました。「掃除は好きではないけれど、この教室や学校が大好きだから」と答えました。その後時々抜き打ち的に巡回してみても、以前よりは集中している様子でした。

このように「率先垂範」とは、とても重みのある言葉だと感じています。

[34]……遊び時間に教室に残っている子どもに目を向けよう

私は教員になりたての頃、休み時間のほとんどは子どもたちと遊び、「猿山の大将」を演じていたようです。少しでも子どもたちと共に過ごしたいと思い、休みの日も一緒に遊びたいなどと真剣に考えていました。若かったですから、子どもたちとの距離も近く、思い出もたくさんできたことも事実です。

しかし、何年か過ぎた頃、自分のキャラクターを押しつけ、「猿山の大将」を演じることに疑問を感じるようになりました。確かにいつも先生と一緒という光景は微笑ましく、若さの特権であるとも言えます。ところが、大半の子どもたちは教師と遊べることに喜びを感じているものの、運動が得意でリーダー的な子や、逆に運動が苦手で静かに過ごしたいと考えている子はどう思っているのでしょう。欲求不満や負担になってはいないでしょうか。教師がいなければトラブルを解決することのできない子を育てているのではないか。などという様々な疑問がわき上がってきたからです。

その後徐々に週一回程度は子どもと遊ぶようにし、最近では私は教室に残り、一人で読書をする子や外遊びが嫌いで教室を徘徊している子どもの相手をするようにしています。このことは、人前であまり本音を出せない子の気持ちを理解する上で大変参考になっています。その一方で、元気者たちも校庭や秘密の場でエネルギーを発散させてくるようです。

大切なことは、教師の一人格で全てをコントロールすることのないようにということです。スタートダッシュで息切れし、「忙しいから遊べない」などということのないように、「遊んで、遊んで」とまとわりつく子の期待だけを満たしてはよくありません。教室の隅からシビアに教師をみつめる子どもの心の叫びを冷静に聞き分けることです。休み時間は子どもの自治的活動を見守ってやりましょう。

[35]……毎週、「席替え」をしよう

私の子どもの頃は、学校の机は今のような一人用の独立したものではなく、二人が一緒に並んで座るというもので、しかもそれは古びた木製のものでした。ですから、肩が触れあうことなどは当たり前で、誰が隣に座るかで学習意欲や生活態度にも影響を及ぼしたものです。現在でも「席替え」は子どもたちにとっては一大関心事ですが、このタイミングを有効に活用でき

るかが学級経営正否のカギを握ると言っても過言ではありません。

「席替え」の回数は、学期毎や月毎、週毎、日毎とまちまちでしょう。日毎とは毎日好きな所に座るパターンですが、これの成功談は聞いたことがありません。学習効率や生活の利便性などを考えると学期毎や月毎が圧倒的に多いようです。決め方も、「生活班の中で決める」、「好きな人どうしが座る」、「くじ引きで決める」、など様々ですが、これは学級の成熟度によって違ってきます。最初は子どもたちも圧倒的に「好きな人どうし」を支持します。これは理不尽な場面が多発することが多く、学級全体に思いやりの心が育ち始めると「くじ引き」が定番化してきます。

私は、週毎に替える方法で、月曜日の朝自習にくじ引きで決定しています。なぜ月曜日かというと、それは月曜日の朝は他の曜日に比べ登校意欲が鈍化しているからです。休日の様々な生活の疲れを引きずっている子どもたちに新鮮な思いで一週間をスタートさせたいと願って、この方法をとっています。「週毎では短い」という印象を持つ読者も多いでしょうが、子どもたちが一週間を短いと感じれば成功なのです。大人の時間の流れと子どものそれとは格段の差があることを教師なら敏感に感じ取ってほしいものです。一年間に三〇人もの異なる級友と肩を並べ、日々葛藤の中で子どもたちは格段の成長を遂げています。

[36]……学級経営、十のサクセス事例集

どんな些細なことでも、毎日地道に続け習慣化すれば、それは学級経営の大切なポイントとなります。このポイントが子どもたちに学級の居心地のよさを醸成し、所属感を高めさせることにつながれば学級崩壊は無縁のものとなるでしょう。ここで紹介する事例は、ごく当たり前のことばかりですが、もう一度振り返って確認してほしいものです。

①健康観察は担任自らが一人ひとりの顔をみながらはっきりとフルネームで呼名しよう。
②連絡帳はゆっくり二回読み直し、保護者の立場に立って返事を書こう。
③欠席者の連絡帳には、保護者への返事だけではなく、本人へのメッセージも付け加えよう。
④忘れ物は朝のうちに確認し、必要な時までに他のクラスの友だちから借りてくるように習慣づけよう。
⑤表情がくもっていたり、元気のない子には一人の時にさり気なく必ず声をかけ、原因を調べよう。
⑥今日誕生日を迎えた子がいたら、全員で祝福しよう。
⑦昨日起こった最大のニュースを子どもたちの発達段階に応じた内容にかみ砕いて話しをしよう。

⑧一日一回は汗をかく程度の運動をさせよう。
⑨下駄箱を眺め、乱雑な子やかかとをつぶしている子がいたら声をかけ、あらためさせよう。
⑩欠席が二日続いた子には夕方に電話を掛け、三日続いている子には家庭訪問をして登校刺激を与えよう。

教室の片隅から⑦

静寂な時間の心地よさ

「それでは脈拍を計ります」。そんな私の声に子どもたちは手首を押さえ、教室は一瞬にして静寂に包まれます。こんな時間がこんなにも心地よいものだとは思いもしませんでした。三〇秒間の間に、私は全員の顔を目で追います。子どもたちもリラックスをして実によい顔をしています。今日怒られた子も何事もなかったかのように、清々しい表情をしています。

万歩計をつけ、「健康と運動のチェックカード」に記入する取り組みも一年間で一七七日間続きました。学年全員分の万歩計を購入するために、「百円ショップ」をいくつも回ったりした苦労はありましたが、子どもたちには一定の成果があったようです。

表3—3は、二〇〇六年に六年生を担任した時の「健康と運動のチェックカード」の集

計結果です。日課により時間もまちまちで、客観性は乏しいものの、今後の有効な資料となりました。大人が一日一万歩歩くことは至難の業ですが、子どもたちの運動量の多さには驚かされました。午前八時頃から午後三時頃までの約七時間に八千歩近くの平均値で、短縮日課の日などを除いて平均すれば八千歩ははるかに超えているでしょう。特に体育のある日は、それ以外の日より二千歩以上多くなっていることを考えると、体育の時間が、子どもの健康な成長に多大なる影響を与えていることが一目瞭然です。

保護者会でも、親に「健康と運動のチェックカード」の取り組みについて話し、家庭生活について見つめ直してもらうように、意識の啓発を図りました。その結果、睡眠時間や朝食について考え直すよい機会になったようで、比較的良好な数値になりました。毎年とても重要なことなので、睡眠時間や朝食については保護者会の折りに話してきたのですが、一向に効果がありませんでした。しかし、「健康と運動のチェックカード」の取り組みのように、毎日具体的に調査するという試みは、記録に残ってしまうという意識からか、親

表3-3　「健康と運動のチェックカード」集計結果

●１日の平均歩数	7,985歩
●体育学習のある日の平均歩数	10,236歩
●１日の平均脈拍数	79回
●１日の平均睡眠時間	8時間11分
●朝食の摂取率	93.3%

2005年4月18日～2006年3月15日　計177日間　対象32名

も積極的に介入するという成果がみられ、「共育」の重要性を実感できる取り組みになりました。

子どもたちも、万歩計をつけることの物珍しさもあって、意識的に運動するようになりました。休み時間は、教室で読書かおしゃべりをしていた子も、進んで校庭に出て友だちと遊ぶようになり生活に活気が感じられるようになりました。

体育は大の苦手というL子さんは、自ら進んで運動することはほとんどない子でした。万歩計をつけてもしばらくのうちは、休み時間も教室でぼんやりとしていました。しかし、「健康と運動のチェックカード」を記入し始めたことで、周囲の子との歩数の違いに愕然としたようで、校庭に出て運動をするようになりました。一学期末の保護者会でL子さんの母親は私に、「最近、夜更かしすることがなくなり、驚くほど食欲も旺盛なのです。どうしてですか?」と尋ねられました。私は、すぐにその訳がわかりましたが、「L子さんに聞いてみてください」と含み笑いで答えました。その後、見違えるほどにL子さんが明るく、活動的になったことは教師として大きな喜びとなりました

Ⅳ 授業の中身で勝負しよう

ゴールデンウィークも過ぎ、日課表通りに毎日が繰り返される学習の充実期を迎えました。授業（学習）が日々の教育活動の生命線であることは言うまでもありません。ですから、子どもたちが授業に充実感や達成感を感じられるようになれば学級崩壊などが起こるはずはないのです。教師の商売道具である授業の中身を改善し、プロとしてこだわりを忘れることなく、自分だけの「授業道」を確立してみましょう。

[37]……ネタの悪い寿司ほど不味いものはない

第1章にも記したように、学級崩壊は様々な要因が複合的に絡み合っています。最初は、個々の児童のトラブルや些細な思い違いなどのケースが発端となって、次第に学級全体を巻き込み深刻な問題へと発展していきます。学級全体の問題として深刻化した時、共通して最初に現れる現象は「授業が成立しなくなる」ことです。表3—4は、授業不成立に陥る様子について整理してみたものです。

どんなクラスにも個々の子どもたちのトラブルはあります。配慮を要するデリケートな問題がないクラスなんてあり得ないといっても過言ではありません。だから、担任は一人ひとりの

表3-4　授業不成立チェックシート

①教師が来ても（始業のチャイムが鳴っても）着席することができない。
②学習用具（教科書、ノートなど）の忘れが目立ち始める。
③宿題や課題の忘れが多く、学習の積み重ねができなくなる。
④板書事項をノートに写すことすらしようとせず、学習の整理ができなくなる。
⑤椅子にしっかりと座ることができなくなり、姿勢が悪くなる。
⑥私語が多くなり、手いたずらが目立つようになる。
⑦挙手がほとんどなくなり、発表する子どもが極端に少なくなってくる。
⑧教師の発言に対して揚げ足をとり、露骨に反論するようになる。
⑨自由に立ち歩き、授業に関係のない話題を大声で話す。
⑩壁などを叩き奇声を上げ、物を投げるなどして、あからさまに授業妨害をする。

子どもをきちんと見つめ、保護者との連携を密にしながら個別対応しています。授業が不成立となるのは、決して個々の子どもたちに起因するものではなく、教師の子どもの掌握技術が貧弱であること、教材研究が不十分なことに起因するものであることは明白です。どんな腕利きの寿司職人であってもネタが悪ければうまい鮨は握れません。一流のシェフだって食材が腐っていたら腕の見せ所がありません。子どもの掌握技術が「職人技」だとすれば、教材は「ネタ」です。「職人技」はすぐに会得できないとしても、「ネタ」だけは素晴らしい物を取り揃えましょう。プロならば教材研究に妥協は許されません。

[38]……一教科十五分間の教材研究法を実践しよう

(1)短時間でも翌日の授業の教材研究を習慣化させる

小学校では学校行事や特別活動の時間を除き、年間八百～九百時間の授業が展開されます。教育課程実施日（子どもが登校する日）がおよそ二百日ですから、一日平均四～五時間の授業を担任は日々展開していることになります。例えば、国語の物語文読解の授業をした後、理科室に移動して実験をし、休む間もなく校庭で体育の授業をし、さらには音楽や家庭科までを一日の中でこなさなければなりません。まるでスーパーマンのような慌ただしさです。教師の得意不得意などお構いなしに、子どもたちはよい授業を心待ちにしています。ここでは私が長年取り組んでいる「一教科十五分間教材研究法」を紹介しましょう。

教職経験によって教材研究の時間には当然違いが出てきます。私も若い頃は毎晩徹夜に近い状態で指導書と格闘していました。若いからこそできたことですが、今思えばあまりにも無駄が多く、授業改善にはあまり役立っていなかったようです。教職に就いて何年か経つと、プライベートの時間も大切にしたいと思うようになり、短時間で効率的に行うことのできる「一教科十五分間教材研究法」を実践するようになりました。これは、毎日寝る前の一時間程度（飲み会などのあった日は翌日の出勤前）に、翌日の教材研究を行うものです（表3―5）。

表3-5　1教科15分間の教材研究法

①学習の中身（既習事項や関連教材・学年の系統性についても）をつかむ。《約三分》
②学習のねらいを整理し、めあて（学習問題）を設定する。《約二分》
③主発問を吟味し、誘導発問を精選する。《約三分》
④板書計画をたてる。《約二分》
⑤子どもたちの反応を予想し、指名・巡視計画をたてる。《約二分》
⑥インパクトのある導入方法について検討する。《約三分》

一教科最長十五分と時間を決め、ポイントを整理しようとしましたが、始めた当初はなかなか思うように進まず、時間ばかりがかかっていたように思います。しかし、慣れてくると無駄な時間がなくなり、ほぼ予定通りに進められるようになって行きました。なかでも、⑤と⑥に時間をかけられるようになってくれば、自分でも驚くほど、実際の授業はよどみなく流れるようになります。時間を充分にかければそれにこしたことはないのですが、物理的に無理な状況も出てきます。プロとして授業をする以上、ぶっつけ本番だけは決して許されるものではありません。短時間でも毎日継続することで本当に必要な教材研究の中身がみえてきます。辛くても毎日地道に続けることで経験が積まれ、「職人技」が会得できるようになるものです。

(2)こだわりの教科の教材研究を

力量を磨くためには、教師はこだわりの教科をつくることです。それが学校全体で共同研究している教科と合致していればなおさら好都合となります。私は、子どもにとって体育は大事な大事な教科だという意識をもっていましたので、体育には大変こだわりました。そのため体育には長期休業や休日までも利用してたっぷりと教材研究したものです。こうして、研究が進めば貪欲になり、既成の教材では物足りなくなってもきます。過去の概念を打破し、目の前にいる子どもたちにとってもっともっと学習効率が上がり、子どもが夢中で取り組める自作教材をつくりたくなったものです。私は、十五年ほど前にバスケットボールにつなげる「セストポートボール」を考案しました。時間を忘れて教材開発をし、授業で子どもたちの目の輝きに触れた瞬間、それまでの苦労はいっぺんに飛んでいきました。この教材は、私には一生の財産となりました。

このように、こだわりの教科を持つことができれば、子どもは授業を心待ちにするようになります。たとえ一教科でも子どもたちが学習の中で自己実現を図れれば、学級崩壊の危機は未然に防ぐことができるでしょう。

教室の片隅から⑧
学習指導案は生きている

私のこだわりの教科は体育です。教師になって二年目に体育主任という大役を仰せつかり、さらには、二校目に赴任した体育の研究校で九年間勤務し、体育科教育の第一人者である故高田典衛先生や高橋健夫先生に指導をいただいたことが教師人生の大きな礎となりました。

体育という教科の特性が、学級経営の重要なウエイトを占める人間関係づくりに不可欠であること、体育で培った成就感や達成感が子どもの人格形成に多大な影響を与えることを実践を通じて体験することができたのです。言い換えれば、私は「体育を基盤としながら学級経営を展開する」と言っても過言ではありません。

ここでは、以前担任したクラスで体育と総合的な学習をリンクさせた「スポーツ教育モデル」の学習指導案を紹介することで、読者が教材研究をする上での参考にしていただければと思います。

この学習の特長は、「バスケットボール大会を成功させよう」というテーマに迫るために、体育でバスケットボールのスキルアップを図り、総合的な学習で大会の企画、運営、演出を行うということにあります。「スポーツ教育モデル」とは、体育の学習時間削減の中、今までは体育学習で行っていた内容の内、大会や発表会などのどちらかと言えば子どもたちの自治的な活動に委ねたい内容は総合的な学習で実践するものと解釈してもよいでしょう。この学習指導案作成にあたり、私は従来の体育の学習指導案についてみつめ直してみました。

一般的に題材観と指導観は児童の実態より前に記載されていることが多く、そのどれもが、単元指導計画や本時の展開に比べ、形骸的な美辞麗句をつらねたものが多いことを私自身反省しました。体育のように身体活動が中心で他者との関わりの中で学習が展開される教科の学習指導案は、一般的教材特性を長々と記すより、まず、児童の実態を充分に踏まえて教材を吟味することが必要ではないかという考えのもと、児童の実態や学級の様態を記すことを最優先にしてみました（240頁の付録参照）。特にこの学習指導案を展開した学級は、前学年で学級が正常に機能していなかったという背景もあり、私が担任してからの体育に関する活動の経過も記してみました。

もう一つの特長は、本時の展開部分に「個別対応の配慮点」を記入したことです。他教科も同様でしょうが、「この学習で子ども一人ひとりのどの部分を伸ばしたいのか」、「個々に配慮しなければならないことはないか」などのことは、教師であればみんな頭の中にインプットされているに違いありません。しかし、私自身ベテランの域に達し、個々の子どもに対する配慮が少々おざなりになっていることを反省したのです。「全員の子どもへの個別対応の配慮点を明確にしながら指導にあたりたい」という思いから、記入してみることにしました。

内容的にはまだまだ補足説明をしたいところですが、これはまた別の機会に詳しく紹介したいと考えています。

［39］……楽しい授業からは学級崩壊は生じない

〝学校がつまらない〟、〝休みたい〟と子どもが思うようになったら、赤信号です。また、休み時間や給食だけを楽しみにしているという子どもがいるならば黄信号と言えます。しかし、授業が楽しみだ、という子どもが多ければ、その学級は青信号です。

学級崩壊への危険度をわかりやすく表現すれば、右のようになるのではないでしょうか。これは子どもだけのことではなく、教師にも充てはまるものです。授業を楽しみに出勤している教師は崩壊の心配など全くないことでしょう。それが「授業に自信がない」、「子どもたちが帰るとホッとする」、さらには、やる気がおこらず子どもの顔もみたくなくなり、出勤の足取りも重くなってきたら要注意です。やる気がなくなると途端に教材研究もおろそかになり、余裕なく場当たり的な授業をしてしまうことになります。当然子どもたちも教師の変化を敏感に察知し落ち着きがなくなることでしょう。こんな悪循環は授業改善で断ち切る他はありません。ここでは絶対にしてはいけない、駄目な授業の典型を整理してみましょう。

①講義型授業

これは文字通り一方的に講義する授業です。大学生ならまだしも、小学生にこれを行うと致命傷になります。教師が知っている知識や情報をただダラダラと話しまくる。子どもの反応などお構いなしに自己満足に耽る。まさかこんな授業はしないだろうと思っていても、心身共に疲れ果て、子どもたちの空気がよめなくなるとおこしがちとなります。

②板書型授業

これは、板書した文字を子どもにひたすら写させ、練習問題を羅列し穴埋め形式に子どもたちに答えを求めるといったもので、プリントを配布して穴埋めさせる方法も同様で、一見静かで集中しているようにみえても、頻繁に行うことは絶対にさけなければなりません。このような授業では、子どもが学ぶ意欲も起きませんし、本当の力はつかないからです。

③硬直型授業

これは無理矢理に導きたい方向に持って行こうとするあまり、教師に余裕がない場合にみられるもので、教師ばかりでなく子どもも表情が硬く、学習のめりはりや盛り上がりが感じられません。子どもの実態に寄り添った教材研究が必要でしょう。

④マシンガン型授業

これは硬直型の授業によく似ていますが、一見教師も表情豊かにエネルギッシュに授業を進めているようで、発問や指示がまるでマシンガンのように子どもたちに襲いかかるというようなものです。教師の迫力が上滑り的でなんとなく嫌悪感を感じ、次第に子どもたちも辛くなってきます。主発問と誘導発問を吟味し、無駄な繰り返しをさける必要があります。

⑤怠慢型授業

これは準備不足で場当たり的な授業を言います。全く教材研究もせず、経験だけで何とか乗り切ろうという、横着教師の典型的パターンとも言えます。教師の情熱と迫力が伝わらないために、子どもたちも学習への満足感が感じられず、退屈しのぎに学習以外に楽しいことを探そうとします。消しゴム遊び、落書き、手紙交換など子どもたちの時間つぶしの知恵は無限にあります。最初は人に迷惑をかけないように、こそこそ行いますが、人前でも平気になった途端に授業妨害まで一気にエスカレートします。ですから、怠慢型授業は⑥の放任型授業の序章と言えます。

⑥放任型授業

これは崩壊の傾向が強く出てきた時におこりうるものです。授業の妨げとなる特定の子どもにばかり注意しているとなかなか先に進まなくなり、ついにはそのような子どもを無視して学習を進めるようになります。このようなことを繰り返していると、まじめに学びたいという子どもたちの集中力は著しく減退し、結果として授業が成立しないという状態に陥ります。学級のいたる所で逸脱行動が出現し、まるで「モグラ叩き」といった感じで、子どもたちも教師の顔色や出方を窺い、意図的に授業妨害を行うようになります。ここまでくると完全に教師と子どもの立場は逆転しているため、小手先の改善ではなく根本的に学級を見つめ直さなければなりません。それには、学年当初から学習の約束事をしっかりと徹底させるとともに、子どもたちが授業を心待ちにできるように本質的な教材研究をしっかりと行うことです。

「教師は授業で勝負する」。これは当たり前のこととは言え、胸に響く言葉だと思います。小学生段階であれば「楽しくなければ授業じゃない」と言い換えてもよいでしょう。教師は余裕たっぷりに冗談などを織り交ぜながら、笑いの中から集中力を高める。そんな授業を子どもたちはきっと心待ちにしています。子どもたちの意欲や集中力が高まるのは、教師の余裕の表れからの遊び心や授業への万全な準備があって初めて可能となります。「授業が楽しい、うれしい、気持ちいい」と子どもに感じさせられるようになれば、学級崩壊の危機に怯えることはなくなるでしょう。

［40］……VTRで自分の授業分析を

私は教員一年目に、学校訪問をした教育委員会の前で授業をした時、「情熱は伝わるが、しゃべりすぎである」と、その部長さんからの指導助言が今でも脳裏に焼き付いて離れません。張り切って教材研究をし、その内容の全てを子どもたちに伝えたいと空回りしていたのです。自分の姿を想像すると若気の至りとはいえ恥ずかしさがこみあげてきます。その部長さんとはその後も公私共にお世話になり、こんな話しをいただいたこともあります。

「教師は知識の伝達者ではない。教師自身が幅広い知識を持つことはとても重要であるが、それを全部伝えようと思うのは間違いである。機を捉え少しずつ小出しにできるようになれば一人前である」

確かに当時の私は念願の教師になれたことの喜びで、自分の知っていることの全てを子どもたちに話そうと欲張っていたのかもしれません。またそうしなければ子どもたちになめられてしまうと錯覚していたのかもしれません。

そこで私は、自分の授業を記録してみようと考えました。二十五年前のこと、VTRなども各学級で簡単に使える状況ではなかったので、テープレコーダーで音声を録音しました。何気なく黒板横のテレビ台に設置し、一日一時間程度、子どもに気づかれないようにスイッチを入れました。そしてそのテープを家に持ち帰り、夜な夜な自分の声を聞いたものです。同居していた母は「いったい息子は、毎晩自分の声を聞いて何をしていることか」と怪訝そうでした。でもこの時の経験が今の私にとっては貴重な財産になっています。自分では感じていなくても、ダラダラと同じ話を繰り返し、正の字で回数を数えたくなるほど耳障りの悪い口癖を連発していたのです。その数年後もVTRを掃除ロッカーの上に設置し、映像による分析も試みました。机間指導では同じ所をただただうろうろする様子や、教室の片方半分にしか視線が集中していないことなどがわかり、授業改善に役立てることができました。
現在ならば、ポケットサイズのボイスレコーダーも普及していますし、VTRも小型化しています。若い先生方は是非試みてはいかがでしょうか（表3―6）。

表3-6　ボイスレコーダーやVTRによる授業分析のチェックポイント

①しゃべり過ぎていませんか
②同じことを何度も繰り返して言っていませんか
③耳障りな口癖はありませんか
④声のボリュームや抑揚にめりはりはありますか
⑤表情や動作は豊かでしたか
⑥視線は特定の児童などに偏りはありませんか
⑦発問は的確でタイミングをとらえていましたか
⑧机間指導はバランスよく行っていましたか
⑨指名は特定の児童に偏りはありませんか
⑩誉め言葉は何度使いましたか

［41］………教師は、日々話術を磨こう

教師という職業ほど人前で話しをすることの多い職種はないでしょう。朝八時過ぎから午後四時、五時まで学級や学年、クラブ、部活動の子どもたちの前で次から次へと内容の異なる話

しを求められます。一昔前までは「先生はさすが職業柄話がうまいね」などと保護者や他の職業の方から言われたように、一般的に「教師は話し上手」ということが定着していたようです。ところが現在はどうでしょうか。話術が巧みで人の関心を惹きつけることのできる職業として認識されているでしょうか。自信なげにもじもじ話す若い教師も少なくないのではないでしょうか。

私は二十年ほど前に東京上野の「鈴本演芸場」へ行き、噺家や漫才師の話術に涙が出るほど笑いころげたものです。そして、その魅力にすっかりとりつかれた私は、寄席のリピーターとして何度も足を運んだものです。間の取り方、抑揚のつけ方、惹きつける仕草や表情、プロの完成度の高さにただただ驚嘆しました。卓越した話芸に触れることで、しゃべることを生業とする教師は、もっともっと話術を磨かなければならないと強く感じさせられたものです。子どもたちが教師の話にのめり込み、集中して学習することができればおのずと授業改善は図られるのですから・・・。

私は最近、多用な日々の連続で寄席に出かける機会はなくなりましたが、ＮＨＫ教育テレビの「日本の話芸」という番組を欠かさず観ることにしています。やはり本物のプロは素晴らしいものです。彼らの達人芸を見習うことも私たち教師には必要なことではないでしょうか。

教室の片隅から⑨

ジワジワひびく、道徳の授業

学級崩壊やいじめの解決には道徳の学習が有効であるという事例を紹介します。

私が受け持った六年生のこの学級は、集団としての意識が希薄で、学校や教師に対する反抗心が強い子どもたちが多いクラスでした。そのため、子どもたちの発する言葉も殺伐としており、「死ね」、「ぶっ殺す」、「ウザイ」、「キモイ」などが当たり前のように飛び交っていました。心無い言葉によるいじめや他者への思いやりの欠落した粗暴な振る舞いを早急に解決することは、私の緊急課題でした。

四月の終わり、三回目の道徳の授業でのことです。道徳の副読本（「きみがいちばんひかるとき」光村図書）にある、丸山浩路氏著「ぼくの名前呼んで」という題材を、私が朗読しました。

そのあらすじは、

両親ともに聴覚障害者で言語障害者である太郎は、軽い脳性まひの級友が友だちからからかわれたことが原因で、からかった子とけんかになった。その時太郎は、けんか相手から、太郎が両親に名前を呼ばれたことがないことを罵られた。今まで考えたこともないことを指摘された太郎は、家に帰り父親に手話で、「ぼくの名前呼んで」と泣き叫びながら訴える。すると父は、太郎が生まれた時、泣き声が聞きたいばかりに聞こえない耳を押し当てたが、「聞こえない」と悲しそうに首を横に振る母親のことや、両親が耳の聞こえない人間として最高の生き方をしていこうと約束していること、太郎にもそうあってほしいと願っていることを、力強い息づかいを感じさせる手話で語る。

というものです。

読み終えた時、教室は今までにはない静寂と緊張感に包まれました。そして、あちこちから涙で鼻水をすする音が聞こえてきたのです。目頭を押さえていたのは女子ですが、男子もいつになく神妙な顔をしています。

その後予定では、子どもたちに感想を発表させようとしたのですが、感動の余韻を壊したくないような雰囲気が伝わってきたため、私が、障害を持つ人へのいたわりや命の尊厳、家族愛について話をして、授業を終了しました。

気のせいかもしれませんが、この授業の後から、子どもたちの会話にとげとげしさがなくなり、学級のムードもしっとりしてきたような感じがしたのです。

さらに、三学期に入り、国語の学習で「私の宝物」という題の作文を書かせた時、ある女の子が自分の宝物は、道徳の本に載っている「ぼくの名前呼んで」です。という内容が書かれていたのです。気分が落ち込んだ時に読むと元気になるというものでした。十ヶ月も前のことでしたので、その子には相当心に残る授業であったということに驚かされました。

　道徳の学習は、即効薬ではなく漢方薬のようにジワジワ後から効いてくるのだと、その時つくづく思いました。学級崩壊やいじめの問題に悩まないですむようにするためにも、道徳の授業を充実させ、焦らずに道徳的実践力を養うことだと思います。

V 「二十の指標」、卒業までにこれだけは

　学級の基盤固めが終わり、子どもを深く見つめる時期となりました。学校が楽しいと思えない最大の要因は、授業について行けないことだと考えられます。教師も教材研究をしっかりと行い授業改善に努力をしますが、今までの基礎学力の積み残しまでは如何ともし難い現実があります。学級崩壊を未然に防ぐためにも最低限度の基礎基本となる学力を身につけて進級させたいものです。

[42]……明確な到達目標を設定しよう

　基礎学力の低下は深刻です。これは決して個々の子どもたちの問題として片付けられること

ではなく、学校生活全体に大きな影響を与えます。新年度を迎え、心機一転頑張ろうと心に誓った子どもたちも学習が進むにつれて前の学年までの積み残しが多いために、消化不良という現実にぶち当たります。すると、次第に授業での居場所がないことを実感し、終業のチャイムをひたすら待つようになります。そういう子どもたちが多くなれば「わからない　わからない」の大合唱で、挙げ句の果てには卓上での秘密の遊びに興じ、授業妨害へとエスカレートします。基礎学力の低下と学級崩壊の出現数はまさに比例関係にあると言ってもいいでしょう。

ここでは、二〇〇五年、私が六年生を担任した時、学年の先生方と研修の一環として、「卒業までにこれだけは（二十の指標）」（表3―7）という具体的な到達目標を設定して取り組んだ内容を紹介します。

⑴学力観を整理する

この取り組みのきっかけになったのは、学年主任が昔読んだ『子どもたちに寄りそう学力づくり』（あゆみ出版　学力の基礎をきたえ落ちこぼれをなくす研究会編著）という書籍でした。その中に中学校教師の立場で、小学校で最低限度身につけてほしい基礎学力についての提言があり、当時「新学力観」という文言に振り回され、不易で地道なものが軽視されていた風潮に対し、本当に大切にしたい真の学力について明解にまとめられていたのです。今まさに基礎学力の定着が声高に叫ばれている時、十数年も前に真の学力について直言していました。この貴

表3-7　卒業までにこれだけは身につけさせたい基礎学力「20の指標」

6年　　組　　氏名

●４年生までの漢字500字を読んだり書いたりできる	
●一つのテーマで原稿用紙１枚程度の文を書くことができる （20分以内で）	
●俳句の暗唱ができる（代表的な作品20句）	
●基礎的な四則の計算ができる（分数、小数、整数）	
●文章問題の文を読んで立式できる	
●課題に対しての自分の考えを持って実験ができる	
●実験したことを文にまとめることができる	
●科学の基礎的な知識を身につけることができる	
●資料を読み取ることができる	
●社会の基礎的な知識を身につけることができる	
●テーマに沿った新聞づくりができる	
●実物の特徴をとらえて描写することができる	
●のこぎりや釘を用いて、簡単な木工作品ができる	
●今まで学習した曲の中から一曲をリコーダーで演奏できる	
●歌集に載っている歌を自信を持って歌うことができる	
●ボタンつけができる	
●開脚跳びで跳び箱４段を跳び越すことができる マットで前転、後転がスムーズにできる	
●ソフトボールを遠くまで投げることができる （男子20m、女子15m）	
●さかあがりができる	
●縄跳びで二重跳びが５回以上できる	

重な提言と学年四人の教師の経験をもとに、学力観を次のように整理してみました。

①学力とは、単に学業成績ではなく、人間生活の基盤を支える基礎的力であること。

②学力とは、特定の学習で獲得されるものだけではなく、生活全般に必要なバランスのとれた基礎的力であること。

③学力とは、どの子も努力により獲得可能な基礎的力であること。

④学力とは、小学校六年間を見通し、大人になっても必要な最低限度の基礎的力であること。

(2)到達目標の精選

次に、この学力観を土台として到達目標を精選することにしました。教科を分担し具体的な目標を出し合い、全体のバランスを調整したのです。「十個では網羅できないし、三十個では多すぎて焦点がぼける」ということで「二十の指標」という形で到達目標が完成しました。これは次のような視点で設定されています。

①可能な限り具体的な数値目標とし、チャレンジへの意欲化を図る。

②「努力は報われる」という、地道に継続すれば実現可能な目標を設定する。

③年間を通し、何度でも手軽に取り組める内容であることを大切にする。

④「できた」「できない」が子ども同士でも明確に判断できる客観性を持たせる。

⑤保護者も一緒に取り組めて、子どもをみつめ直す機会となるような目標も取り入れる。

[43]……努力すれば必ず報われる目標設定を

学校ほど目標の多いところはないでしょう。教育とは人格の陶冶であり、それを施す場としての学校はありとあらゆる目標に向かって進むことは当然なこととも言えます。しかし、あまりに目標が多すぎるのはどうでしょう。子どもたちにとっては焦点がぼけてしまい、掲示のためにだけあるかと錯覚すらしかねません。しかもその中身はあまりに抽象的なものも多く、具体的な努力の仕方も思い当たらないものもあります。

「二十の指標」の取り組みでは、「目標は実現するために設定する」という大前提がありましたので、卒業までに限りなく一〇〇パーセントを達成させられるような設問を心がけました。社会や理科の目標にはやや客観性や具体性に欠けるものもありましたが、補助的なプリントを用意したり、充分に満足できるレベルのノートを回覧させたりして意識づけを図りました。

特徴的な目標のいくつかについて、その設定の背景を説明しましょう。

●四年生までの漢字五〇〇字を読んだり書いたりできる

漢字の書き取りは小学校教育において重要な教育課題です。六年生までに一〇〇六字の漢字を学習しますが、卒業までにこの漢字を完璧に書き取れる子はごくわずかではないでしょうか。学年が進むにつれ積み残しの数が増え、六年生になれば驚くほどに個人差は拡がっています。

ではなぜ「二十の指標」では五〇〇字に限定したのかというと、四年生までには正確には六四〇字の漢字を学習し、さらに高学年に進むと非常にむずかしい四〇〇字近くの漢字が加わります。すると、この時点で習熟度の差は歴然としてしまいます。ある調査によれば新聞に使われている漢字の大半が四年生までに習う五〇〇字程度であり、ここまでの漢字が読めれば大意はつかめるといいます。ですから、膨大な時間をかけて一〇〇六字の書き取りに力を注ぐよりも、生活に最低限必要な漢字を完璧にさせたいという思いから設定したわけです。

●歌集に載っている歌を自信を持って歌うことができる

カラオケボックスなどの普及により、一昔前よりも人前で歌を唱う機会は多くなっています。しかし、いつの時代になっても歌を唱うことに抵抗感を持つ人は少なくないようです。小学生も同様で、音楽の歌唱のテストでクラス全員の前で唱うことを極度に嫌がり、学校さえも欠席してしまう子がいることも事実です。この指標は音楽の学習で行う歌唱テストとは性格を異にし、歌唱力を調べるものでもなければ人前で歌声を披露するものでもありません。授業でも活用している『歌集』にある一五〇曲の中から一曲を選び、担任にだけ聴かせる形でテストを行うというものです。評価の観点も自信を持って元気よく唱ってさえいれば合格としました。こうすると、音楽が苦手で躊躇していた子も、短い歌を選んで家で練習を重ねてきますし、見事唱いきり合格した時には、全身で喜びを表現します。

●マットで前転、後転がスムーズにできる

子どもの体力や運動能力の低下は深刻な社会問題となっています。「二十の指標」では運動関係の指標を四つ設定しています。全体のバランスからすれば少々歪な感は否めませんが、学年の教師と検討し、運動によってもたらされる健康が生活の基盤であるとの視点から、「体を動かして心地よい成就感を体感してほしい」という願いで、他教科領域よりも多くの指標を盛り込みました。

マットの前転、後転は低学年で学習するものですが、特に後転がスムーズにできる子は、六年生全体の三分の一足らずしかいませんでした。この指標では「スムーズに」という文言が抽象的で評価も曖昧になることも予想されたので、「スムーズな後転」についてのポイントを整理してから子どもたちに挑戦させました。そのポイントとは、①膝または内踝《うちくるぶし》に紅白帽子を両足で挟み、フィニッシユまで紅白帽子を落とさずに回れること。②フィニッシュは手や肘を使わずに足だけでしっかりと立って三秒間静止すること。という具体的に誰でも均一の判定ができるように工夫しました。「紅白帽子を落とさない」という明確な目標だったためか、運動の苦手な子どもたちも家の布団の上で何度も挑戦したようです。残念ながら体育関係の目標は体格も大きく影響することや条件が厳し過ぎたのか、他の目標はほぼ百パーセントの達成率であったのに対し、七割程度にとどまってしまったことは今後の検討課題となっています（146頁　表3―8）。

以上のように、子どもたちに目標を与えるならば、子どもたちの実態を的確に把握し、激動の社会を力強く生き抜くために最低限必要な力について教師がしっかりとしたコンセンサスを持つことが重要でしょう。努力しても実現できないような目標では絵に描いた餅となり、努力の尊さを感じられない子どもを育てることに繋がってしまいます。「努力は必ず報われる」、ということを信じ、ひたむきに努力が積み重ねられるような子どもを育みたいものです。

［44］……毎日継続できるような魅力的なものに

「二十の指標」の取り組みを始めてから、私の教室の事務机には休み時間や配膳の時間、放課後に時折行列ができるようになりました。次の目標に向かって何度も挑戦しようとする子どもたちです。

●俳句の暗唱ができる　（代表的な作品二十句）

「二十の指標」の中には一斉テスト形式で評価するものと、一定の期間内に何度も挑戦してもよいものを意図的に組み込むことにしました。何度も挑戦できる目標に対しては、一回で合格する子もいれば何十回も繰り返し、やっと合格する子など大きな個人差があります。俳句の暗唱の設問は特に顕著で、あと三、四句のところでつまずいて連日悪戦苦闘する子が多いのです。

一昔前の教育には、暗記という機械的に詰め込むようなものが多かったように思います。例えば、私には、かけ算九九に始まり年号や地名、元素記号などから文章全文に至るまで、ありとあらゆるものをひたすら暗記させられた記憶があります。このことは確かにその後の受験勉強には大変役立ちましたが、なかなか覚えられずに母親に叱られた思い出もあります。今では教育産業の普及も相俟って様々な工夫がなされ、詰め込み式の暗記術などは過去の遺産といった感さえあります。しかし、今日の教育は利便性や効率性を個性というオブラートにくるみ、大切なことを見失いかけているような気がします。「不易と流行」は教育界でしばしば耳にする言葉ですが、こんな時だからこそ、もう一度心に深く刻みたい名言です。

私が、幼稚園に勤務していた頃の話です。この幼稚園は年長児だけの一年保育の幼稚園で、先生方は小学校入学に向けて様々なことを計画的に教育していました。その一つが俳句の暗唱です。小林一茶の俳句を六歳の子どもたちが一年間で五十句近く暗唱し、全員が卒園式で披露するのです。会場は感動の涙に溢れ、教師や保護者全員が子どもたちの無限の可能性に驚嘆します。この裏には派手さはなくても毎日地道に続けることの大切さ、教師が子どもを信じ続けることの崇高な教育理念が存在しています。単純な暗記と思われる「俳句の暗唱」には、今の教育が忘れかけている魔術が隠されているようにも思えます。

●学習した曲の中から一曲をリコーダーで演奏できる

私の机の前に行列ができるもう一つの理由にリコーダーがあります。三年生から学習を始めるリコーダーですが、六年生になる頃には驚くほどの個人差が生じています。楽譜がよめて正しい指づかいができる子どもにとっては何でもない曲でも、音楽の苦手な子どもからすれば、全くお手上げ状態となります。そこで、「選曲の幅を拡げ、どんなに短い曲でも完奏できるようにしてから卒業させたい」、「たかだか十二歳の子に苦手なものを苦手なままで終わらせたくない」という願いで設定した指標は、「今まで学習した曲の中から一曲を演奏できる」というものです。リコーダーが苦手な子どもがいかつい手でぎこちなくリコーダーと格闘する様子は滑稽にも見えますが、見事演奏し終えた時の彼らの喜びの表情は何とも言えないものがあります。

目標は、子どもを評価するための道具ではなく、達成させるために設定するものです。日々努力するプロセスを大切にするためには、子どもたちにとって「頑張ればできそうだ」という魅力的なものにしなければなりません。「報われない努力は真の努力ではない」、とは、私が子どもによく話す言葉です。

[45]……親も一緒に取り組めるようなものを

これまで私は、わが子に対して父親らしいことはあまりしてやれませんでしたが、「ここで背中を押してやればできるようになる」と思った時は、時間を忘れて子どもと向き合ったものです。例えば、子どもが試行錯誤の末、「自転車乗り」や「さかあがり」ができるようになった時は、感動のドラマでも見るような思いがしました。小学校六年間の「夏休みの作品づくり」も、私は、決して手伝ったりはせず、息子には徹底的にこだわって妥協を許さぬ作品づくりを命じました。ただし、部品が必要とあれば、遠くまで車を走らせたり、本屋に立ち寄って情報を集めたりしてやりました。この時ほど子どもと会話をしたことはありません。息子にとってもこのことがよい思い出になり、心の支えにもなっているようです。

「二十の指標」にはこのように、家族と取り組むと効果的な指標を意図的に組み込んでいます。

●のこぎりや釘を用いて、簡単な木工作品ができる

「日曜大工」という言葉は一昔前によく耳にしたものですが、当時は家の近所にねじり鉢巻きでノコギリをひく男性の姿がありました。父親のいない私には、その姿は随分と頼もしいものに映ったものです。最近ではホームセンターに行けば既成キットがあり、女性でも手軽に作業ができるようになっています。また、「夏休みの作品用キット」まであり、これには味気なささえ感じてしまいます。小学校でもノコギリや金槌を使っての木工の学習はありますが、安全第一が原則であり、体で覚えるというところまでは到底教えてはやれないのが現実です。この指標では、作品の完成度を評価するということよりも、将来への財産となる基礎的な技能を身につけてほしいと願っています。釘打ちやノコギリで怪我をしてこそ、痛みを知り本当に安全で能率的な技を身につけることにつながります。そこには父親や周りの大人の経験が何より

も重要になります。場数を踏んで理屈抜きに体得できるような指標は必要不可欠なものです。

●ボタンつけができる

この指標ほど大人になって生きて働くものはないでしょう。世の中がどんなに便利になったとしても、ボタンは針と糸でつけるものだからです。単身赴任として一人暮らしの生活を余儀なくされても、ボタンぐらいは自分でつけられる大人になってほしいものです。合わせて、わが子の申し出にすぐにボタンがつけられる母親の存在が家庭教育には必要といえます。そんな母親の姿を子どもは尊敬し、針仕事をする母の背中に反抗はしません。昔なら毎日のように繰り返されていた光景に殺伐とした今日の社会を重ね合わせ、「親の有り難み」をもう一度醸成することもこの指標の背景には隠されているように思います。

「二十の指標」に一年間取り組んだ子どもたちは明らかに変容し、意欲的に継続的に努力をしようとする姿が随所に見られました。苦心惨憺して見事達成した子どもたちの晴れ晴れとした顔。残念ながら到達できずに悔しそうに涙する顔。どれもが輝いていました。さらにもう一つの喜びは、保護者と共に子どもを育てるという視点に保護者も気づいてくれるきっかけとなったことです。「共育」に勝る教育なし。「親は子の鏡」ということを実感しました。

教室の片隅から⑩

子どもは無限の可能性を持っている

人間は、潜在能力のほとんどを使わないで生涯を終えるといわれています。「二十の指標」の取り組みをとおして、子どもたちが無限の可能性を信じて懸命に努力する姿に胸を打たれたこともしばしばです。何度も何度も挑戦し、達成した時の顔はどの子もみんな輝いていました。

表3―8は、二〇〇五年度私が担任した子どもたちの、「二十の指標」の集計結果です。本来ならば、学年のスタートと同時に取り組みが開始できればよかったのですが、実施の初年度ということもあり、子どもたちへの指標の提示が一学期後半になってしまいました。しかし、一定の成果を収め、潜在能力を開花させて中学校へ巣立っていきました。

リコーダー演奏が大嫌いで、毎日毎日大きな体を丸めて頑張ったＩくん。手先が不器用でボタンつけができず、毎晩のように母親の前で正座して練習したＪくん。その他にも、人知れず努力した子も多いことでしょう。ほぼ一〇〇％に近い達成率を残せたことは大きな喜びです。

しかし、体育関係の指標は、体格の形成された六年生一年間では、かなり困難な子もい

表3-8 卒業までにこれだけは身につけさせたい基礎学力
「20の指標」集計結果

●４年生までの漢字500字を読んだり書いたりできる	96.7%
●一つのテーマで原稿用紙１枚程度の文を書くことができる（20分以内で）	100%
●俳句の暗唱ができる（代表的な作品20句）	96.7%
●基礎的な四則の計算ができる（分数、小数、整数）	90%
●文章問題の文を読んで立式できる	93.3%
●課題に対しての自分の考えを持って実験ができる	100%
●実験したことを文にまとめることができる	100%
●科学の基礎的な知識を身につけることができる	96.7%
●資料を読み取ることができる	96.7%
●社会の基礎的な知識を身につけることができる	96.7%
●テーマに沿った新聞づくりができる	100%
●実物の特徴をとらえて描写することができる	100%
●のこぎりや釘を用いて、簡単な木工作品ができる	100%
●今まで学習した曲の中から一曲をリコーダーで演奏できる	100%
●歌集に載っている歌を自信を持って歌うことができる	100%
●ボタンつけができる	100%
●開脚跳びで跳び箱４段を跳び越すことができる マットで前転、後転がスムーズにできる	80%
●ソフトボールを遠くまで投げることができる（男子20m、女子15m）	83.3%
●さかあがりができる	83.3%
●縄跳びで二重跳びが５回以上できる	90%
合　計	95.2%

たようで八割程度の達成率になってしまいました。特にマット運動は、「膝や内踝に紅白帽子を挟んでフィニッシュまで落とさないように」と設定にしたため、なかなか大変なようでした。体育は、マキシマムというよりスタンダードな指標設定が必要であることを痛感しました。

なにはともあれ、「努力は報われる」を見事実践した子どもたちに、大きな拍手です。

Ⅵ ほめ方・しかり方ですべてが決まる

小学生は、寝ている時間を除けば親と過ごす時間よりも担任教師と過ごしている時間の方がはるかに長いのです。昔は「親の言うことは聴かないけれど、先生の言うことは絶対に守ります。先生厳しく叱ってください」などと親からよく言われたものです。今はどうでしょうか。親は、教師をそこまで尊敬しているでしょうか。ここでは、人格を陶冶するプロの教師としてのほめ方・しかり方の極意をお伝えします。

[46]……ほめる時は一対一で、しかる時は全体の前で

私が教員になった四半世紀前には、ほめ方やしかり方の定説があり、そのことについて先輩

からよく指導を受けたものでした。それは、「ほめる時は全体の前で、しかる時は一対一で」というものです。もちろんケースバイケースであることは理解していましたが、この定説はなるほど理にかなっていると思い、若い頃は努めてそうしました。

しかし、経験を積み十年選手になった頃には、全く逆のことをしている自分がいました。なぜなら過去の定説で子どもをほめたりしかったりしたところであまり効果がないことを実感したからです。明らかに四半世紀前とは子どもの心理が変化していたのです。全体の前でほめたとしても他者の目を気にするあまり、恥ずかしがって次第に気まずそうにしている子がいたり、一対一でしかったところで言い訳ばかりで挙げ句の果てには責任を友だちになすりつける子がいました。

そこで、このままではまずいと思い、「ほめる時は一対一で、しかる時は全体の前で」という定説の真逆の手法をとってみました。誰もいない所で一対一でほめたところ、その子は満面の笑みを浮かべ喜びを表現したのです。別れ際に「これからも期待しているぞ」などと付け加えれば、もうその子との関係はより強固になるのでした。

それとは逆に、しかる時は意図的に全体の前でしかるようにしました。もしかしたら、当事者は本人ばかりではなく友だちが原因を誘発していたのかもしれません。教師と当事者という二人称の関係だけでなく、その他大勢の三人称に対しても同じ土俵の上で、ことの重大さに気付かせることができたのです。社会が変化し親や大人が変われば当然子どもも変わります。過去の定説は万能薬ではないことを実感しました。

[47]……「親」「大人」「子ども」の三つの立場を使い分けよう

ここでは小学校時代の校長先生から、私が教員になったことの餞にいただいた話を紹介します。それはわかりやすく覚えやすいように「PAC(パック)であたれ」と名付けられた話です。大学を卒業して間もない私に、その恩師の校長先生は、

「君は教師であるが親ではない。大人であるが子どもではない。これからどんなふうに子どもに接するつもりかな」と問われ、即答できませんでした。すると、

「PAC(パック)であたりなさい。Pはペアレントの P、つまり親の立場で、Aはアダルトの A、つまり大人の立場で、Cはチャイルドの C、つまり子どもの立場です。この三つの立場をバランスよく使い分けてクラスの子どもたちに接するように」と言われました。

言い換えれば、時には親のようなかけがえのない愛情で、またある時は、社会の一員である大人としての厳しさで、さらには、ピエロのように子どもと同化できる子ども心を忘れずにということでしょうか。優秀な教員ほどこの三つを実にバランスよく使い分けています。今後辛いことがあっても、教員を志し、夢が叶い、初めて教壇に立った時のことを決して忘れずに精

進するように、と話してくださったわけです。

このPACの話が実感として理解できるようになったのは、五、六年後のことですが、子どもの心をつかみ、心に響く教育を実践するためには、頑なに自分のスタイルを堅持し、硬直した手法で事に当たってはいけないことを教えてくれたものでした。

[48]……「親」身になってかけがえのない愛情で包み込もう

PACの「P」、親の立場としての接し方については、若い先生からすれば一番理解しにくい部分かもしれません。私も三十歳で父親になるまでは、先輩教師から、「親の立場になればわかるよ」とよく言われたものです。随分と嫌味なことを言うものだと憤慨もしましたが、いざ自分が親の立場になると、やっとその言葉の重みが理解できるようになりました。

我々教師はどうしても学級の子どもたちを三十数人の塊としてみてしまいがちです。学級を力強く経営していこうと思えば思うほど、子どもたちを「面」としてみてしまい、「点」の集合体であることを忘れて、異質なものを厄介ものと決めつけてしまう傾向があります。親の要望に対しても「学級全体のことを考えているのに、わが子のことしか考えない、なんてわがままな親だ」と呆れたりします。確かに家庭教育の方針を一方的に押しつけ、学校がそれに合わせなければならないという状況は論外ですが、愛情過多の「わが子可愛さ」的な要望には、ある程度寛容にならなければいけないと親になってみて初めて実感したものです。

育児放棄が急増している今日、親の愛情の深さや形は大きく様変わりしています。過保護で過干渉な親と、育児に怠慢で無責任極まりない親との二極化現象が進行しているとも言えます。特に前者の親は、わが子を愛するが故に学校へ様々な要望をするのだとか、担任の教育に高い関心を持ってくれているのだ、というように捉え方を変え、一緒に子どもを教え導くための良き協力者であると思うことが大切でしょう。

「親身になって」という言葉の奥深い意味を、しっかりと心に刻み、私は子どもに接しています。

[49]………ルールを守れない行動には、シビアに対処しよう

ＰＡＣの「Ａ」、つまり、小学生を大人としてみつめることは所詮無理なことではないか、と指摘されるかもしれませんが、年齢的にみれば確かに子どもであるとはいえ、小学生も中・高学年になれば一端の大人であると思える側面もあります。特に最近では家庭でも、一人一部屋でテレビつき、おまけにパソコンや携帯電話もあり、最もパーソナルで快適な生活をしているのが子どもであるとも言えます。情報量も親以上に持っている子も少なくありません。これで都合のよいところだけを切り取って子ども扱いをするのでは、まるで無法者を育てているだ

けではないでしょうか。

昨今、規範意識の欠落している若者の急増が大きな社会問題となっています。成熟していない大人が多いこともあって、社会全体がどんどんレベルを下げている気がしてなりません。学校は社会の縮図であり、レベルダウンをいち早く反映してしまいます。わがままを抑えられずにすぐにキレてしまう子、学校のルールなどお構いなしに勝手気ままに行動する子、その場の状況や空気をよめずに人の傷つく暴言を平気で吐く子、など一昔前ではごく稀であったことが学校現場でも横行しています。

ルールを守れない時や人権を傷つけるような行動には、毅然としてシビアにクールに対処したいものです。たとえ親に厳しすぎると非難されても、秩序を守れない子には社会の一員としての制裁は当然です。子どもたちがやがて大人になり、恥をかいたり疎外されることのないように、大人の目線で子ども社会を見つめることです。学級崩壊は子どもたちの社会性の欠如が最大の要因で起きることを再認識することが大切です。

[50]……「子ども」心を忘れることなく、ピエロのように振る舞おう

PACの「C」、つまり、子ども心で子どもたちに接することは小学校教師の得意分野とも言えます。特に低学年の子どもからすれば、言葉では「先生」と呼ぶもののお兄さん、お姉さ

んのような親近感を求めている場面が多く、中・高学年も頻度こそ少なくなるもののピエロのように自分たちと取っ組み合ってくれる教師を心待ちにしています。そんな子どもたちの輪に入り汗だくで走り回ったり、大声で笑ったりする教師の姿はいつみても微笑ましいものです。先生を大好きになるスタートラインは教師が子ども心で触れ合うことから始まります。いつもいつも「お山の大将」を演じていると息切れしてよい結果には繋がりませんが、タイミングを捉えて道化師を演じプロ魂をみせてほしいものです。

以上のように、PとAとCの立場を上手に使い分けることによって、有効な教育活動が展開できるようになります。特に低学年期は、Pの立場を土台にし、Cの立場を意図的に頻繁に演じてみることです。危険な遊びや喧嘩、人を傷つける行動にはAの立場も時には必要です。中学年期は人格形成の最重要期であることに鑑み、個々の子どもの特性を理解した上でPとAとCの立場をバランスよく使い分けることが必要でしょう。しかし、この時期はよい意味でのガキ大将が育つ時期なので担任がCを強く演じすぎると失敗する危険性のあることも忘れてはなりません。高学年では、Aの立場を土台にしながら状況に応じてPとCの立場を小出しにすることが効果的です。

どんな場面でも、自分自身のとっている立場を冷静に分析してみることが「教師力」を磨くことになるでしょう。

［51］……教師の言葉を分析しよう

私は二〇〇五年、六年生を担任した時に自分自身が一日に話す全ての言葉を分析したことがあります。朝、教室に入ってから放課後子どもたちを見送るまでの私の発した言葉をポケットに忍ばせたボイスレコーダーに全て録音したのです。日課表通りに教育課程が流れる一週間（五日間）を選び、子どもたちに向かって発した言葉、九〇三文の全てをカテゴリーに分けてみました。センテンスとしてみればいくつかの性格が重複している場合もありますが、主として伝えたい内容の性格を選択肢に当てはめることにしました。中にはカテゴリー分けが困難なものもあったものの、膨大な時間を費やして比率を分析しました。表3―9がその結果です。

表3-9　著者の教室で発した一日における言葉の比率

●直接的な指導に関係する言葉（授業場面での知識や技能伝達の言葉）	22％
●指導助言的な言葉（授業場面やその他の活動での指示・助言）	51％
●子どもの活躍をほめる言葉	15％
●子どもの過ちをしかる言葉	3％
●その他の言葉（日常会話、冗談、雑談、等々）	9％

（総数　九〇三文）

この数字はデータとしては客観性に乏しく、一般的に参考になるものではありません。しかし、教師の一日の言動がどんな傾向にあるのかという一つの目安としては参考になるでしょう。

単純に時間量で比較すれば、「直接的指導に関する言葉」がもう少し多くなっているはずで、これは授業中の説明は長い時間を要しても一つとしてカウントしているためです。また、この週は大きなトラブルもなく比較的平穏無事な日が多かったので、「子どもたちの過ちをしかる言葉」が少なくなっていると思われます。もう一つ顕著だったのは、教師の口癖が大きな影響を与えてしまうことです。私は子どもからも指摘されますが、「さすが」「すごい」が口癖のようで、この口癖が「子どもの活躍をほめる言葉」であったために、一五％と比較的高い数値がほめ言葉という結果になりました。

さらに場面でも分析してみましたが、クラス全体の子を対象に話す言葉は一九％で、残りは個別対応のものでした。休み時間や清掃時間、授業時間までも個別に対応する言葉が八割以上という結果に、一人ひとりの個性や現在おかれている状況を敏感に察知していなければならないことを再認識させられました。

子どもたちは自己実現をめざし、学校に集ってきます。駄目な子どもになろうとして学校に来る子は一人もいません。でも残念ながら教師の不用意で無神経な言葉が駄目な子を演じさせてしまうことも少なくありません。自己実現を助けるために一人ひとりの心に寄り添った「生きた言葉」が、意欲を喚起させます。学級崩壊を防ぐ特効薬は、「上手なほめ言葉」「効果のあるしかり言葉」にあると私は考えています。

［52］……上手なほめ方「十ヶ条」

「ほめ方の上手な教師はやる気を育て、しかり方の上手な教師は根気を育てる」

これは、私が日々感じている持論で、ほめ方としかり方が教育の生命線であると言ってもよいでしょう。ほめ方はテクニックでカバーできても、しかり方にはどうしても人間性が出てしまいます。ここでは、プロとして最低限押さえておきたい「ほめ方としかり方の十ヶ条」を提案します。

①握手をしたり、肩を叩いたりしてアクションたっぷりにほめ、心の底から賞賛していることを伝えよう。
②その子の性格や状況を的確に判断し、全体の前でほめることと一対一でほめることを使い分けよう。ただし、素直な感動表現のためにはは一対一の方が効果的である。
③ほめ言葉が口癖のようになってきたら最高である。何かにつけて、ほめてほめてほめまくろう。
④しかりたいことがたくさんあっても、ぐっとこらえてほめ言葉から始めよう。こちらの方が

集中して話が聞ける。

⑤子どもが荒れ出し、しかる可能性を感じてきたら、小さなことでもみつけてほめてみよう。十しかるよりも一ほめた方が効果が上がる。

⑥目立たない地道なことの積み重ねを大げさにほめたたえよう。地味な子どもほど「まさかのほめ方」が心に響く。

⑦バランスよく全員の子をほめよう。特定の子ばかりだと、マンネリからしらけを生み、全体に悪影響を及ぼす。

⑧成果ばかりをほめていると結果だけを気にする子を育ててしまう。プロセスを大切にし努力の尊さを教えよう。

⑨身だしなみや整理整頓の上手な子をほめると美しいクラスになる。口先でガミガミ言うと汚いクラスになる。

⑩子どもへのほめ言葉は、親にも電話で伝えてあげよう。

教師になりたての頃の私は、本能の赴くまま場あたり的に子どもをほめていたと思います。しかし、それはほめられた瞬間の喜びを子どもに与えただけに過ぎず、その後の意欲化への動機づけにはなっていなかったのです。山本五十六の「やって見せ、言って聞かせてやらせてみ、ほめてやらねば人は動かじ」は、真髄をついた名言だと最近つくづく思います。文末の「ほめてやらねば人は動かじ」は、ほめてやらなければ人は動かないという意味ではなく、ほめることにより更なる飛躍が期待できることなのではないかと私は解釈しています。「上手なほめ方十ヶ条」をヒントに計画的なほめ方を実践してみてください。以前私は、保護者から「先生にほめられるとうちの子は俄然やる気を出します」と言われたことがあります。この言葉こそ、その後の私のやる気を引き出してくれた何よりのほめ言葉でした。

［53］……効果的なしかり方「十ヶ条」

上手なしかり方でたくさんしかられた子どもは、人の痛みがわかる心豊かな子に育ちます。しかし、意味のないしかり方でたくさんしかられた子どもは、攻撃的で人を傷つけることが平気になってしまいます。しかり方は子どもの人格形成とって大きな影響を与えるものです。子どもたちが納得し、改善のエネルギーに転化できるようなしかり方を心がけることがとても重要です。それには、次のようなことがヒントになるでしょう。

①機関銃のように次から次へとしかるのはやめよう。何をしかられているのかがだんだんわからなくなり、焦点がぼける。

②大砲のように迫力ある一発をぶちかますようなしかり方をしよう。印象深くしからなければ同じことを繰り返す。

③人権の軽視、いじめ、暴力に対しては感情をむき出しにしてしかろう。子どもたちは教師の許容範囲を探っているのである。

④些細なことでも学級全体の問題として捉え、全体の前でしかろう。一対一で言い訳を聞いていると余計に腹が立ち逆効果である。

⑤一方的に決めつけず共感的にしかろう。「仕方なかったんだよな」などと逃げ道も用意してやろう。つきあいは長い。

⑥しつこくねちねちとしかるのはやめよう。同じことを何度も言われれば、どんな人間でも反抗的になる。

⑦罰則を与えたり、見せしめ的にしかることはしない。「親に言いつけるよ」などと言ってしまったら職務放棄である。

⑧過去を引き合いに出してしかることはやめよう。誰だって忘れ去りたい過去はある。

⑨他の子と比較してしかるのはやめよう。この時期に植え付けられた劣等感は後々まで残る。

⑩しかる時には一呼吸おいて、事の背景やその子の家庭環境などを冷静に考えてから。

学級崩壊のきっかけは、理不尽にしかられたり、頑張りを認めてくれなかったという不満が爆発することによります。「あの先生だけは、俺たちを決して見捨てない」と子どもたちに思わせるためにも、ほめ方やしかり方の技を磨き、日々子どもたちに向かいましょう。

Ⅶ　学校全体で崩壊を食い止めよう

学級崩壊は、中学校よりも小学校の方に多く発生します。これは、小学校のほとんどが学級担任制であるためだと思われます。朝から夕方まで一人の担任と生活をともにし、ある種密室状態の中でいろいろな人間関係が錯綜します。それに対して、中学校は教科担任制であるため学級崩壊ではなく学年崩壊、つまり校内暴力へと発展するケースが多いようです。崩壊が始まると担任一人の力で食い止めることは困難であり、学校の総力を結集することが何よりも大切となります。

［54］……学年全体での取り組みをたくさん仕組もう

「学級王国」とは、教育界の人間ならよく耳にする言葉でしょう。これは極論すれば、個性の強い担任が密室で独裁的に学級を引っ張り、他のクラスとの歩調を著しく乱すものです。ただし、学級担任制が基本の小学校では、学年や学校としての歩調を乱すということは論外としても、全てが「学級王国」であると言ってもよいのではないでしょうか。むしろ担任の特性に応じて子どもたちを力強く掌握することは望ましく、子どもも保護者も期待することでもあります。しかし、ここで指摘しておかなければならないのは、小学校の教育活動の大部分が担任と子どもたちだけの密室で行われ、第三者の介入を許さない環境にあるということです。つまり、教師と子どもの関係性が正常な時はよいが、一度綻びが現れると「王国崩壊」までさほど時間がかからず、一気に瓦解してしまうという危険性と隣り合わせにあるのです。

ここでは、学級経営は担任の自己責任であるという原則の土台の上で、崩壊をさせないための学年の協力体制づくりについて論を展開します。

①学年の教師全員が全ての子どもたちの名前をいち早く覚えよう

始業式の日に担任が発表され、満願成就の子はどれくらいいるのでしょうか。もしかしたら、「隣のクラスの先生がよかったのに」なんて正直に思う子も少なくないことでしょう。担任も前途に希望の持てるスタートのために最善の努力を尽くし、素晴らしい出会いを演出しようとしていても、第一印象で感じ取った隣のクラスの先生への熱い思いをぬぐい去ることは至難の業です。でも、そのような子どもに、「クラスは違っても同じ学年の先生だからよかった」と思わせることができれば、隣のクラスの先生は、担任の力強いサポーターになってくれます。

そこで、まず学級の子の名前を覚え、次に学年全員の名前を一日も早く覚えて声をかけてやることです。そうなると、学級という密室にこもらず、学年の廊下が明るくなるはずです。「隣家の人に心のこもった挨拶が交わせるようになれば、悪い子にはならない」との教訓に倣い、学年の集合体として捉えてみてはいかがでしょうか。

②特に配慮を要する子については・・・

社会情勢の閉塞化を反映して複雑な家庭環境の子どもたちが増えています。また身体的にも性格の面でも特段の配慮をしなければならない子も多くいます。担任は理解していても、他の教師や子どもたちの不用意な発言や行動は、そのような子どもの心に深い傷を残します。そうならないようにするためには、学年会議でしっかりと共通理解した上で、全校にも伝えておかなければならないことを即座に他の教師の耳に入れておくことです。望ましい関係の構築には長い時間がかかっても、壊すのは一瞬で充分です。「あの先生だけは許せない」などと子どもに思わせないように、当たり前のことから始めましょう。

③学年共通の到達目標を設定しよう

本章のV、「二十の指標」への取り組みについて（133頁）にも記したように、学年で明確な到達目標を設定するということは、学年全体の子どもたちの学力を引き上げたいという願いと同時に、学年の担任全員が同一の歩調で子どもたちに向かい合いたいという思いの表れでもあります。一人の担任の貴重な発想は学年全体の財産として共有できます。言い換えれば、「良いとこ取り」で学年全体のレベルアップを図ることをねらっているのです。各担任が好き勝手に様々な取り組みを各クラスで展開することよりも、合理的でより専門性の発揮できる「二十の指標」の取り組みを参考にしていただければと願います。

④教科担任制を見据えた交換授業を積極的に導入しよう

高学年になれば教科担任制の方が望ましいと考えられる側面もありますが、実状としては困難な場合が多いものです。このことについては、次の［55］で詳しく説明することにしますが、各教師が可能な限り専門性を発揮できる交換授業を展開してみたらいかがでしょうか。年間をとおして行うことはなかなかむずかしくても、理科の実験や家庭科の裁縫や調理実習、体育の技能ポイントをおさえる場面などでは臨時的に日課表を組み替えて、本物に触れさせることが密室からの「ガス抜き」になるはずです。

⑤学年単位の取り組みを大切に

運動会、水泳学習、校外学習などは一般的には学年全体として取り組むことが多いものです。こういう場面にこそ、子どもたちは今までみせなかった力を発揮し、めざましく成長します。反面、教師がその行事や取り組みを「こなす」という意識が強くなり、子どもに任せきりにするような手法をとると、糸の切れた凧のように身勝手な行動が増え、収拾のつかない「荒れ」た現象が出現します。学年全体の取り組みが充実しているところに学級崩壊はあり得ません。子どもの人数が増えれば増えるほど、指導力が発揮できる教師をめざしたいものです。

[55]………「学級・教科担任複合制」を積極的に導入しよう

次の表3―10、11は、学級担任制と教科担任制のメリットを整理したものです。それぞれに

表3-10　学級担任制によるメリット

- ●担任と一人ひとりの子どもの関係が濃密になり、安心感が醸成できる。
- ●子ども一人ひとりの特性を深く理解することができ、生活指導が綿密に展開できる。
- ●きめ細かな個別指導が可能になり、習熟度の高まりがある。
- ●一日のリズムに柔軟性が生まれ、突発事項に対する対応力が高い。
- ●担任の個性が発揮でき、一貫性のある学級経営が展開できる。

表3-11　教科担任制によるメリット

- ●専門性の高い学習が展開でき、より高度な知識や技能を習得させることができる。
- ●比較対象が増えることにより、客観性の高い評価活動が展開できる。
- ●学級集団の変容に敏感になり、「荒れ」を敏感に察知することができる。
- ●数多くの教師との触れ合いができ、子どもの個性伸長の手助けとなる。
- ●何度か同じ授業が展開できることで、指導法の改善に役立つ。

たくさんのメリットがあり、その裏返しを考えれば同じ数だけデメリットがあることになります。小学校は私立や大学附属小学校を除けば、そのほとんどが学級担任制であり、そのことに多くの者が何も疑いを感じていないのが現実ではないでしょうか。確かに児童期の子どもたちの特性を考えれば、学級担任制のメリットの一番目に挙げた、「担任と一人ひとりの子どもの関係が濃密になり、安心感が醸成できる」は重要なポイントとなります。

しかし、低・中学年ならともかく、最近の高学年の子どもたちは一昔前とは比べものにならないほどの豊富な情報量と劣悪なテレビ番組の影響を諸に受け、頭と心は大人の仲間入りをしています。言い換えれば、一人の大人（教師）では太刀打ちできない状態にあるともいえます。

さらには、保護者の教育に対する価値観の多様化に拍車がかかり、学校に一方的に自分の教育信条を押しつけ、無理難題を押しつけてくる親の増加が低学年期に顕著であるとの報道もあります。親がわがままになっている社会ですから、子どもが秩序正しくないのは当然かもしれません。現にわが子が周囲に迷惑をかけていても、しかることすらしない親が急増している昨今、担任一人が子どもの教育を背負うのは荷が重すぎることは確かです。

だからといって、複数の教師で担当できる教科担任制にいきなり移行することは、物理的にも困難であり、逆に学力格差を増大させることにもなりかねないという懸念もあります。そこで学級担任制と教科担任制のメリットを結合させた「学級・教科担任複合制」（表3―12）を

表3-12　学級·教科担任複合制の実践例
（六年生 学年四学級として想定）

●担任は、国語・算数・社会・道徳・学級活動について自分のクラスの授業を受け持つ。
●理科・図工・家庭科・体育はそれぞれの担任が特性に応じて教科を分担し学年全てのクラスの授業を担当する。
●音楽は、音楽専科が担当する。
●総合的な学習については、学びたいテーマ別に学年を解体し、四つのコースにそれぞれの担任が分かれて担当する。
●特別教室の使用割り当てなどは、学年のかたまりとして配当し、学年内で柔軟に組み替えられるようにする。
●各教科の年間総時数や週実施時数については、学期末三週間程度をフリーとして臨機応変に調整する。

可能な範囲で実施し、望ましい人間関係の構築と基礎学力の定着を図ることで、学級崩壊の根絶に向けた取り組みをしてみてはいかがでしょうか。

学校規模などによって、この実践例に当てはめて考えることは困難な学校も多いことでしょうが、大切なのは、「学級を開く」という意識を多くの教師が共有することです。学級数が少なければ低・中・高学年単位に考えてみてもよいし、できる範囲から具体的に動いてみることです。旧態依然とした枠組みにとらわれていては、子どもたちの変化に対応することはできません。思い切って概念を砕き、教室という密室を開放することで崩壊を未然に防ぎましょう。

［56］……情報を細かく共有し、全職員で取り組もう

学級崩壊現象と密接な関係にある校内暴力の発生件数が、三年連続過去最多を更新していま す。特に憂慮すべきは、対教師暴力が前年の四割近い増加を示しているということです。「教師が小学生に殴られる」、こんなことが全国的に深刻な問題として多発することを、誰が予想していたでしょうか。〝子どもからなめられているごく一部の教師〟だけの問題として片付けてしまうことはできない事態に立ち至っています。教師全員に「明日はわが身」の時代が到来したともいえます。学級崩壊に直面し、子どもの暴力に怯えながら出勤する教師の心中を察すると、その無念さと絶望感は計り知れないものがあります。子どもたちはもちろんのこと、教師自身が学級崩壊の被害者にならないためにも、学校の全職員が危機感を持ち、同一の歩調で防止策を講じなければなりません。そのためには、次のような具体的な取り組みがヒントになるはずです。これらは、私のこれまでの失敗事例や成功事例などが元になっています。

①「学級崩壊深刻度表」で実態をしっかりと見極めよう

多くの学校現場は、残念なことに他の教師の指導方法や学級経営の善し悪しを気軽に指摘し合う風土がありません。他の学級に問題発生の予兆を感じていても、遠回しに指摘してあげる

同僚はまだよい方で、ほとんどの場合、問題が発生するまで静観しています。学級崩壊についても同様で、子どもの荒れに気づいていても、他の学級であれば指摘しづらいという現実があります。

しかし、事態がかなり悪化してから解決に向けて努力しても時すでに遅しといったことになります。崩壊に直面しつつある教師も、プロとしてのプライドが邪魔してか、弱音を吐けず一人で抱え込んでしまう傾向が強いようです。このような場合、第1章「学級崩壊深刻度表」(25頁)は学級の荒れを一つの物差しで推し量り、一般的傾向として多くの教師が共通のステージで協議する指標としても活用していただけるはずです。決して教師批判に終始することなく冷静に学級の様態を分析することこそ、未然防止の第一歩となります。

② 「学級トラブル対策委員会」(例)を設置しよう

学校には様々な校務分掌があり、各学校の実情に応じた教育課題に対しては「〜対策委員会」が組織され、「いじめと人権」「長欠・不登校」「健康・安全」等々、定期にあるいは臨時に会議がもたれていることでしょう。では学級崩壊についての対策委員会は校務分掌に位置づけられているでしょうか。生徒指導部会で児童の問題行動の範疇で論議され、事実の伝達による情報交換がほとんどで、解決策などは各学年の学年会議や当該担任任せにしている学校が多いのではないでしょうか。ましてや学級崩壊の予防策まで話し合う組織がある学校などは皆無に等しいはずです。

これほどまでに学級崩壊や対教師暴力が増加し、事態が深刻化している今日ですから、「学級トラブル対策委員会」などと称する会議を設置し、実態の分析や予防策について事が起きてからではなく事前に様々な立場からの英知を結集させて、「学級崩壊」が死語となるような学校を目指してほしいものです。

③気軽に話せる雰囲気を醸成しよう

一昔前ならば、同僚と居酒屋で一杯やりながら教育談義をしていたものです。先輩教師からの成功談、失敗談の全てが肥やしになった他、悩みも気軽に打ち明けられたりしたものです。しかし最近では、マイカー通勤が増えたために、ノミニケーションは頻繁には行われなくなっているのが現実です。しかし、そのような状況だからこそ、校内に気軽に話ができるスペースを用意したいものです。このようなスペースで行われる雑談の中から、きっと素晴らしい知恵が生まれるはずです。

第4章

親との連携でつくる「共育」のためのサクセスアドバイス集

I 親との上手な接し方のアドバイス集

二〇〇五年度の「指導力不足教員」が五〇〇人を超えたと文部科学省の調査で明らかになりました。これは「いじめによる自殺者」同様、実態からすれば氷山の一角の数字であることは間違いありません。近年では、子どもとのコミュニケーションがとれない教師ばかりでなく、保護者との良好な関係が保てない教師も増えているようです。しかし、教師は、親とめざす方向が合致するようになれば学級崩壊は起こらないはずです。ここでは、親を教師の良き理解者として味方にするための接し方や話し方の極意を伝授しましょう。

［57］……親とともに育てるスタンスで

私も青年教師の頃は、保護者の言葉によく腹を立てたものです。若気の至りから喧嘩口調で言い合いをしたこともあります。「なんでそんなことまでいちいち言って来るのだろう」、「自分の子どものことしか考えられないわがままな親だ」などと憤慨し、生意気にも、親よりも立派に教育してみせると考えたこともあります。そんな私の考え方が一変したのは、自分が親になってからでした。保育所の先生に対して、わが子のことを特別に気を配ってほしいと当たり前のように思ったり、もしわが子が怪我でもしようものなら理由も聞かずに、先生に不信感をつのらせていました。そんなことがあって、恥ずかしながら、親という者は、元来自分の子どもについては冷静にみられずにわがままになっても当然であることに気付いたのでした。

虐待したり、育児を放棄したりするような親でなければ、わが子のためなら何でもしようとします。たとえそれが学級全体のことを考えていないわがままなことだとわかっていてもそうします。ですから教師は、この親心を汲み取り、親と同じ目線で子どもを教育するというスタンスが必要です。

特に親と面談する時などは、「教育しているのだ」などという、上からの視点で接することは絶対にさけなければなりません。そして、かけがえのないお子さんを、担任も一緒になって育てるのだという愛情溢れる姿が親の共感を生むことになるのです。「あの先生はわが子を愛してくれている」と思われるようになれば、以前なら腹を立てていたことでも「わが子のためを思ってしてくれているに違いない」と理解されるはずです。だから、子どもだけでなく親からも「あの先生なら」と思われるような「親身」になって努力する教師を目指しましょう。

[58]……夜の電話が効果的

教師は、子どもと関わること以外を事務仕事と考えてしまう傾向があります。私もそうでしたが、それらをどちらかといえば煩わしい余計な仕事として文字通り事務的に片付けていたようです。確かに学校現場にはいろいろな業務があるし、担任している子どもの教育とは直接的に結びつかないものも少なくありません。子どもを下校させた後は、会議や校務分掌の事務などに追われ、保護者への連絡などはついつい事務的になりがちです。

しかし、親との連絡が不徹底のために、意思疎通が充分に図れなかったことが発端となって、関係が綻んでしまうことも少なくありません。私も若い頃は、食事の支度などの時間であることも考えずに無神経に親に電話をかけて、失敗したことが何度もあります。

こうして私は、親との連絡は精神的にも物理的にも余裕のある時にしなければならないことを学びました。教師からすればクラスの子どもは三十何分の一ですが、親からすればオンリーワンなのです。だから、連絡帳で事務的にすませようとすることは、時として親に冷淡な印象を与えてしまうことになります。連絡帳には最低限度のことを記し、最後に「後ほどお電話いたします」と付け加え、極力直接電話で話すようにしています。

しかし、教師からの電話を、「また学校で何か悪さをしたの?」とか「忘れ物をして迷惑をかけたの?」などと直感的に「どうせ文句を言われるのだろう」と連想させるような関係は望ましくありません。夜家に帰り一息ついてから、ゆったりとした気持ちで電話をかけてみるというのも効果的です。父親がいれば子どもの学校での頑張りを伝えてあげれば、なお一層関係が親密になることでしょう。「勤務時間も終わり、夜になってもわが子のことを考えてくれている先生がいる」と思って親は感激するはずです。

［59］……最初は親の言い分を聴こう

時には親が興奮して担任の家に電話をかけてくることもあるでしょう。事の顚末の全体像を理解せずに、たとえ、わが子がトラブルの張本人であってもお構いなしにまくしたてる親がいます。その時、教師に余裕がなければ言い合いになってしまいます。

学級崩壊の前兆は、子どもと教師の関係が破綻するばかりでなく、親と教師の関係が瓦解することも大きな要因になります。もしかすると、子ども同様、親も教師の許容範囲を探って、度量の深さを見極めているのかもしれませんが、喧嘩をしては教師の負けです。

興奮状態の時は、話しの途中で介入されると余計に憤慨するものです。だから、親にある程度話しを続けてさせて、心の中にあった怒りを吐き出させてから、教師が冷静に事の全容について説明することです。

学級でトラブルがあった時は、間を開けずに当事者である子どもや周囲にいた子どもたちから事実関係を客観的に確認し、整理してから親に伝えることが何よりも大切です。子どもたちには自己防衛本能がはたらくことは当然で、都合のよいことしか話そうとしません。時には、時間が経てば経つほど事実が歪曲されることもあります。そんなことにお構いなしに、親はわが子から伝えられた断片的な事実だけで学校や教師に不満をぶつけてきます。こちらから先に多くを語り、言い訳がましくとられるよりも、「お子さんはどんなふうに話していましたか」などと向けてみてからでも遅くはありません。

[60]……学級崩壊を防ぐ上手な接し方「十のポイント」

親からすればすべての子どもたちは「金の卵」です。親は、子どもの無限の可能性を信じて疑いません。しかし学校は、その思いとは裏腹に、現実の厳しさをみせつけてしまう所なのかもしれません。そうではなく教師は、親とともに子どもたちの無限の可能性を伸ばす使命を背負っています。たとえトラブルや崩壊の渦中にあっても、わが子だけはそんなことをするはずがないと親は信じています。ですから、こんな親との接し方を間違えると火に油を注ぐことになります。そこで、次のポイントが大切になるでしょう。

①事態が深刻であればあるほど、直接会って話し合うこと。
②当事者が複数いる場合でも、一人ひとりの親のプライドを傷つけないために、数人の親対教師という構図は避け、個別の話し合いを優先させること。
③事実確認はより客観的に短時間で行い、双方の主観や印象で話をしないこと。

④悪者を決めるために話し合うのではなく、解決するために建設的な話し合いをすること。
⑤憤りを感じても常に冷静に接し、今後の対応で確認したことは整理し、繰り返すこと。
⑥「学校が何をすべきか」の注文だけを聞かずに「親もどうすればよいのか」についても的確にアドバイスできるよう準備してから話し合いのテーブルに着くこと。
⑦教師が子どもの可能性を信じ、深い愛情で教育しているという熱意を伝えること。
⑧話し合いの後に子どもたちをしからずに、「先生は期待していたよ」と、子どもに伝えるよう頼むこと。
⑨言い訳も誠意を持って受け止め、最後は笑顔で締めくくること。
⑩親がメール（ライン等）でのやり取りを求めてきても、言葉足らずなどによる誤解を避けるため、可能な限り両親揃っての面談や家庭訪問を実施すること。

教室の片隅から⑪

教師の一言が人生を変える

「こたにがわ学園」の電話が鳴ると、当番のスタッフに緊張が走ります。特に夜の電話はなおさらですが、夜の当番はほとんどが私なのです。「養育している子がトラブルに巻き込まれたのではないか」、「門限に間に合わないのではないか」と、心配しながら受話器を取ります。連絡もなしに帰らない子がいる時などは、一晩中電話の前で待っていることもよくあります。「いじめ、虐待ＳＯＳ」という二十四時間体制の電話相談も併設しているため、夜中まで相談者と話しをすることもあります。

私には忘れられない、いや忘れてはいけない相談の電話があります。それは、二十歳過ぎの子どもの母親からの電話でした。子どもが小学校五年生の時から不登校で、全く外に出ないひきこもりになっているという内容でした。しかも、その原因は学校の担任教師からの一言だというのです。クラスで物がなくなり、周囲の友だちから疑われ、担任からも「持っているのだろう。早く出せ」と一方的に怒鳴られ、その日以来、家から一歩も外へは出て行けなくなってしまったそうです。ことの発端から現在までの事実、担任への恨み辛みを聞いていたら、夜中の一時過ぎになったので、翌日再び電話をかけてもらうことにしました。本当は直接来て面談するのが望ましいのですが、ひきこもりの子を持つ親は外出にも神経を遣います。

次の日、私はこんなことをアドバイスしました。

「お母さんの辛い気持ちはわかります。その担任を恨む気持ちもよくわかります。でも、もしかしたら、お母さんもお子さんも小学校五年の時点で時が止まっているのかもしれません。親子で話すといつの間にか喧嘩になり、最後は担任の悪口になっていることでしょう。担任を恨む気持ちは痛いほどわかります。忘れろと言っても無理だと思います。でも十年以上止まっていた時計は動かさなければなりません。

お子さんはこれからの方が長い人生なのです。ひきこもりの子を抱える家庭に共通するのは、ストレスを抱えて荒れる子に怯えて、親が子どもにご機嫌をうかがうようになってしまうことです。お母さんも、何でも必要な物を買って来たり、食べたいという食事を用意してはいませんか。もっとお子さんを不自由にさせてください。買い物だって食事の準備だって自分でできる年齢なのです。担任教師を恨むことと、お子さんを自立させることを分けて考えてみましょう」

その後、その母親から何度か電話がありましたが、その子も今では病院とコンビニだけには出かけられるようになったそうです。

私は、この母親との相談を通して、教師という仕事の恐ろしさを感じました。一言で子どもの一生まで左右してしまうからです。子どもたちに勇気を与え心に響く名言もあれば、子どもに立ち直れないほど心に深い傷を与える言葉もあるのです。人生の時間だけは、どんなことをしても償えないということを身にしみて感じた相談の電話でした。

Ⅱ　保護者会や家庭訪問で伝えておきたいアドバイス集

過保護で過干渉な親がいる一方、放任し無関心で育児放棄をする親もいます。家庭教育における親の価値観の多様化は、まさに二極分化の傾向にあるとも言えます。少子化に拍車がかかり、「少なく産んで大切に育てる」時代が到来しているとはいえ、「大切」という意味を勘違いしている「変な親」も多くなっているようです。親も教育することがこれからの教師に課せられた大切な使命になることでしょう。そこで、保護者会を応援団に変えるようなことも大切なことです。

［61］……子は親の鏡だから…

一昔前までは、家庭教育と学校教育の役割とは今よりも明確であったように思います。以前は、三世代同居の家族も多く、祖父母が孫の躾を担ってくれていました。言葉遣いから箸の上げ下げなど、私も、世の中の最低限度のルールやマナーについて、祖父母から諭された記憶があります。昔話には、親よりもはるかに多くおじいちゃんやおばあちゃんが登場するようです。今ほど便利な世の中ではなかったので、母親の家事労働は現在の二倍三倍であったことは容易に想像できます。そのため、孫の面倒はもっぱら祖父母が見ていたために、ごく自然に「おじいさん」「おばあさん」が昔話の主役・準主役を演じていたのでしょう。核家族化が進み家庭教育のキャパシティーは祖父母同居家族の数と比例して極端に小さくなってきています。

とはいえ、教師が親や祖父母の役割を演じることなど土台無理な話で、本来家庭ですべき教育まで学校で行わなければならなくなっていることが、今日の学校教育に閉塞感を生むことに繋がっているのではないでしょうか。

親の育てたように子は育ちます。親の仕草や表情、よい癖悪い癖などが子どもの体に染みついています。私も、学年最初の授業参観で、後ろに並ぶ親の様子をみると、どの子の親なのかが大抵はわかります。性差や体型の違いはあっても表情、仕草はそっくりなのです。さらにほんの少しでも話してみれば、完璧に近いほどの的中率になるのです。

まさに子は親の鏡です。教師がいくら指導しても、本性として身につけたものを変えることは、なかなかできるものではありません。親は最高の教育者であると言えます。

[62]……電話ではなく、直接話をしよう

子どもたちは、一年間に約二〇〇日登下校します。保護者は、授業参観、保護者会、個人面談、学校行事などのすべてに参加したとしても、その数は一割程度の二〇日ほどです。それな

のに、親は車や自転車で来校してきます。「忙しいのはよくわかりますが、物騒な世の中です。子どもの目線で毎日子どもが通る道を歩いてみませんか」と保護者会などで啓発してみましょう。歩くことで、意外なことを発見したりして、子どもとの距離が近づくはずです。

親から学校への連絡手段は、連絡帳、手紙、電話などが大半です。この連絡帳や手紙には、往信と返信との間で温度差が生じ、トラブルの原因となることがよくあります。「そんなつもりで返事した訳でもないのに」と思っても、結果的に曲解されて担任不信に陥られることもしばしばあります。電話も、教師はどうしても目の前の子どもたちを優先するために対応が不充分になってしまうことも予想されます。特に短い言葉や文章では表現しずらいデリケートな問題の時は、私は親に直接会って話をするようにしています。親は教師の顔を見て話すだけで安心します。

子どもは、都合のよいことばかりを親に話すものです。特にいじめや学級崩壊の張本人であればなおさら歪曲した事実を伝え、自己防衛を図ろうとします。子どもの話だけを鵜呑みにし、うわさ話が先行してしまうと事態はますます悪化してしまいます。「子どもが変だ」などと感じたら、直接教師に尋ねてほしいと伝えましょう。いじめも学級崩壊も早期発見が何よりも大切ですから、他人事としてではなく、常にわが子の問題であるという当事者意識を持ってもらいましょう。

［63］……親が保護者会に出席したくなるようにするには

どこの学校でも、学年が進むにつれて授業参観や保護者会への参加率が低下します。入学当初の一年生の授業参観日には廊下まで溢れるぐらいの保護者の数なのに、高学年になると、簡単に数えられるくらいまばらになっています。教師に魅力がないためなのか、授業がつまらないためなのかと担任は自己反省しきりですが、どうやら理由はそれだけではないようです。

高学年になると親もわが子の現実を知り、胸をときめかせて過度な期待をしなくなることが、学校への足を鈍らせる原因になっているのかもしれません。しかも、子どもが中学生や高校生になれば、「絶対に来るな」と子どもに拒否されることも多くなります。しかし、だからといって親が学校を嫌っていては、必ずそれが子どもにも伝染します。せめて小学生のうちは皆勤賞を目指して学校へ来てほしいと親に伝えましょう。それには、教師も〝無駄足ではなかった〟〝次回もまた来よう〟と思わせる興味深い話題を用意しておくことが大切です。

授業参観では、わが子の背中を凝視して「姿勢が悪い」とか「手を挙げた」などに一喜一憂するだけではなく、学級全体の雰囲気や教師との関係、わが子の存在に周囲が肯定的か、などの観点も大切にしながらシビアに参観するよう促してください。

保護者会では、どんな些細なことでも保護者と教師で共有し、憶測が飛び交わないように徹底的に話し合うことです。時には保護者の代表の方に協力を依頼して、お茶を用意したり座席の工夫をしたりして、よい雰囲気づくりを心がけます。こうすることで、保護者会を短時間で終わらせることのないようにしましょう。保護者会の参加者が多く、その時間が長くなればなるほど円滑な学級経営が進行していると考え、うわさ話は目を眩ませてしまうことを親にしっかりと伝えることです。

[64]……よい子を育てる「親の気配り五ヶ条」

親のほんの少しの気配りで、子どもは安心して学校生活を送れるものです。決してむずかしいことではありません。これから紹介する「よい子を育てる親の気配り五ヶ条」を子どもの実態に応じて、家庭訪問などでおみやげとして話してみましょう。

①子どもの身だしなみは親の責任です

最近の子どもたちは「おしゃれ」に敏感です。昔ならつぎはぎだらけのズボンは、母親の愛情すら感じさせるものでしたが、少子化の今、「お下がり」という言葉も死語になりつつあります。新しいものを次々に与える必要はありませんが、石鹸の匂いのする清潔感溢れる服装で登校させましょう。いつの時代になってもいじめられる原因の第一は、「くさい」「不潔」なのです。

②「忘れ物ないね」の一言を掛けよう

朝はどの家庭でも戦争状態のはずです。なかには顔も洗わず、朝食抜きで、教科書やノートをランドセルの中に放り込むようにして挨拶も無しで出かけて行く子も少なくありません。「行ってきます」、「行ってらっしゃい」のやりとりは、親への敬意を育むと同時に、子どもには親にいつも見守られているという安心感を与えることにつながります。さらに、朝食抜きは精神的にも肉体的にも破綻の前兆となるものですし、忘れ物は最大のストレスに繋がります。ですから、親はほんの少し早起きをし、「忘れ物はないね」の一言をかける余裕がほしいものです。「子どもの恥は親の恥」とも言います。

③「お便り」などの配布物から、話題を共有しよう

子どもが荒れ出すと、家庭での学校の話題は極端に少なくなります。「お便り」なども点数の悪いテストと一緒にゴミ箱に捨てられてしまいます。「今日は学校でどんなことがあったの？」、「今どんな取り組みをしているの？」などを聴くことは子どもの登校意欲を高めることにつながります。そのためにも、テレビや週刊誌を見る時間を少し減らしてでも、学校からの配布物を熟読することで共通の話題を持つようにしましょう。

④子どものノートをみよう

子どものノートをみれば、学校での様子が一目瞭然となるはずです。落書きだらけであった

り、黒板の文字を書き写している様子がみられなかったりしたら、教師に反抗して学級崩壊を起こしている張本人ではないかと注意深く様子をみてみましょう。さらに余裕があれば、学習の習熟度もチェックしましょう。しかし、大切なことはどのような場面でも感情的になったりせず、落ち着いてゆっくりと一緒に考えるようにすることです。

⑤内緒でランドセルの中を覗いてみよう

ランドセルには子どもの秘密が隠されています。テストにプリント、友だちとの秘密のやりとりをしている手紙、そのほか、有害図書や高価な品物まで、時には愕然とする物を詰め込んでいることもあります。でも、子どもを頭ごなしにしかるのならば、初めから見ない方がよいでしょう。子どもを愛していれば、ぐっと抑えて、遠回しに包み込むように心に響く言葉をかけるべきです。これは親だけに与えられた特権です。

[65]……円満な家庭に非行なし

「親の子殺し」、「子の親殺し」など、常軌を逸した凄惨な事件が続発しています。これらの事件にも共通しているのは、当事者の子どもも親もどちらかといえば優秀な人として評価されていることです。しかし、家族の関係性で見れば両親の離婚、進学就職への過度の期待などが複雑に交錯している点です。「サザエさん」や「まる子ちゃん」の家族関係をみて、誰もが忘れかけていた人の温かさや触れ合いの大切さを思い出すように、円満な家庭は古来より教育の原点でした。子どもの健全な成長には、笑顔の絶えない温かい家庭の営みが何よりも重要です。ですから教師は、そのことを保護者会や個人面談などで力説し、親はいかなる時でも子どもの最高の理解者であることを心に刻み、おおらかに接するようにしましょう。

①一日一度は家族揃って食事を

朝食を摂らずに登校する子どもたちが増えているため、学校が子どものために朝食を提供するという話を聞いて、私は愕然としました。食育の重要性が叫ばれて久しいものの、食卓は食欲を満たすためだけのものになってしまったのでしょうか。確かに親も忙しくのんびり食事をするどころではないのかもしれませんが、子どもの成長には親の都合を待ってはくれません。たとえ家族全員が揃って食事をすることは無理だとしても、一人でも多くの家族が揃い、みんなで「いただきます」の挨拶を交わしながら賑やかに食事をしてほしいものです。できればテレビを消して学校の話題などを意図的に出すように心がけることが重要です。

②悪口はやめよう

「言い訳が多い」、「何かにつけて悪口をもらす」、「不平不満が会話の中心」、「表情や仕草が嫌味に感じる」、そんな子どもたちが増えているような気がします。このような子どもには次第に周囲も嫌気がさし、その子の周りを去っていきます。そうすると、その子はさらに孤立感を感じ、余計に悪口が増えていくという悪循環となります。

そこで、家庭の会話は肯定的なものか否定的なものかを一度冷静にチェックしてみるとよいでしょう。口を開けば子どもへの小言、反発されれば大喧嘩となるような繰り返しでは精神衛生上もよくありません。穏やかでいつもにこやかにしている親の子どもは、誰からも好かれます。ですから、会話からは努めて悪口をなくしましょう。これは、簡単にできる効果的な教育です。

③子どもの前での夫婦喧嘩はやめよう

子どもたちの言葉遣いは年々悪くなっています。殺伐とした社会を反映しているのか、「言葉の乱れ」は深刻です。なかでも、テレビのバラエティー番組での暴言は、瞬時に学校を席巻します。メールの普及も原因の一つで、会話とは到底思えない暗号の浸食が正しい言葉を忘れさせています。

しかし、最大の要因は大人たちの日常会話の乱れではないでしょうか。子どもの言葉の悪さは、やはり乳・幼児期に受けた言語環境に起因すると考えられます。特に夫婦喧嘩などの激しいやりとりは子どもの心に深い傷を残すばかりでなく、口調や言葉遣いにも連鎖します。感情的になると所構わず怒鳴り合うことは常ですが、そうなると子どもに悪影響を及ぼすのは言うまでもありません。子どもの前では夫婦喧嘩は我慢しましょう。

[66]……親も友だちを増やそう

言葉遣いや表情仕草に限ったことではなく、親は子どもの人格の陶冶に唯一無二の影響を与えます。教師が側面から子どもをサポートしたとしても、それは親に比べればあまりにも無力です。

社会全体が低俗化し、「困った大人たち」の狂気の沙汰が毎日報道されれば、規範意識も鈍化し、モラルが低下することは当然とも言えます。大人たちの道徳観や倫理観が低下していることは、子どもたちの成長、とりわけ学校教育にとっても大きなマイナスとなっています。このような状況ですから、とくに若年層の先生方は、たとえ生意気だと思われてもプロの教師として、次に示すような「絶対に子どもにみせてほしくない大人の行動」を保護者会などで話してください。それには、ふだんからこのような行動を決してしないという強い信念と実行力が不可欠であることは言うまでもありません。

①信号無視、自転車の二人乗りなどの交通ルールやマナーの違反。
②電車や公共機関などでのモラルや思いやりに欠ける振る舞い。
③所構わずの大声での携帯電話の使用。

④有害図書などの家庭への放置。
⑤酒に酔っての醜態。
⑥吸い殻やゴミのポイ捨て。
⑦仕事のずる休みなどの怠慢な態度。

さらには、親の社交性も子どもの教育にとっては重要な要素です。親に友だちが少ないと子どもも社交的にはなれません。たくさんの友だちとの豊かな関係を子どもにみせてほしいものです。友だちが多ければ多いほど、子育てや教育の情報量も増え、子どもへの対応も一様ではないことを学ぶはずです。教師が世の中のモラルや友だちの大切さを懸命に力説しても、親も一緒になって行動してくれなければ、その効果は期待できないことを伝えましょう。

［67］……通知票は姿勢を正してみてください

母子家庭に育った私は、祖父母に育てられたようなものでした。母は生け花や茶道、洋裁を教えて生計を立てていましたが、六畳一間のアパートではお弟子さんをたくさん集めることができず、母は出稽古で家にいることが少なかったため、私は学校の帰りは母の実家に行くことが多かったものです。そこでは、祖父母による昔気質の躾が行われ、私の人生に大きな影響を与えました。井戸の水くみ、長い廊下の雑巾がけ、箒の持ち方に始まる掃除のイロハから、箸の上げ下ろしや挨拶、言葉遣いに至るまで、母のいない寂しさを忘れさせるぐらい、次から次へとたくさんのことを身につけさせられました。中でも強烈に印象に残っているのは、通知票のことです。

終業式を終え、いつものように母の実家に帰った私は、出迎えてくれた祖母に通知票を渡そうとすると、祖母は手をきれいに洗って正座をして両手で丁寧に受け取りながら「よく頑張りましたね」と中身をみずに話したものです。そして、祖母が通知票を開くと、すぐに「出欠欄」に目をやり、欠席や遅刻がないと「健康で過ごせてよかったね」と笑顔で誉めてくれました。この祖母の笑顔が励みになったのか、私は小学校六年間を一日も休まずに登校することができました。祖母は学習成績の評定の上がり下がりなど決して口にせず、所見欄を何度も読み返しては担任教師への感謝の言葉を呟いていました。正座のまま、かなり長い時間通知票をみつめて、最後は神棚に大切に供えたものです。この祖母と私の年中行事は、私に通知票への特別な思い入れを醸成してくれたのだと思います。

教師となった私は、通知票作成の時期になると必ず祖母のことを思い出したものです。「祖母がそうしてくれたようにクラスの親に通知票を大切にしてほしい」「親子で厳粛に学校生活を振り返ってほしい」と願いながら、私は一枚一枚記入しました。手に大汗をかく私は一枚所見を仕上げる度に石鹸で手を洗いに行き、通知票作成中の部屋には絶対誰も入れずに集中しました。相対評価だった頃には「1」の印鑑がなかなか押せずに手が震えたものです。所見は何度も何度も下書きを繰り返し、手の下にハンカチを置いて書きましたが、これはベテランになった今も変わっていません。

さて、夏休みや冬休みが終わると、渡した通知票が戻ってきます。私の場合のように、神棚に供えられたものはないでしょうが、その扱われ方は様々です。私は、下校途中で汚さないようにと、クリアファイルに入れて子どもには渡しますが、戻ってきたそれにはその面影など微塵も感じられないものもあります。例えば、ご飯粒がついていたり、コーヒーが飛び散っていたり、タバコの火で焦げたりしたものまでもあります。しかし、現物があればまだいい方で、ごく稀になくされてしまうこともあります。「わが子の頑張りの証を粗末にするのも程がある」と言いたくなります。

親が通知票を崇高なものであると思わないなら、子どもの成績に過度の期待をかけるべきではないでしょう。学習の評定だけに一喜一憂し、成績が向上しても「まだ頑張れ」と言うだけで、所見や出欠の記録などお構いなしに捲し立て、粗末にポイと置き去りにする。

こんなことで子どもはやる気になるでしょうか。年に何度もないことです。姿勢を正して厳粛に通知票と向き合うようにしてください。

[68]……いじめの早期発見、「十のポイント」

第2章でも記したとおり、いじめには必ず前兆があります。いじめている方は生活が荒れ、いじめられている方は言葉にできなくても何らかの形でSOSを発信しています。テレビや新聞の報道で関係者は「いじめには気づかなかった」と発言することが多いのですが、それは間違いで、「いじめに気づけなかった」と言い直すべきです。特に教育のプロである教師には、子ども集団のほんの些細な綻びを見落としてはいけません。

次に提言するチェックポイントは、毎日接している親の立場だからこそ発見できる、いじめの前兆期に出現する子どもの変化をまとめたものです。「わが子もいじめられる子、いじめる子になってしまうのではないか」という危機意識を強く持って、子どもをみつめる際の参考にしていただきたいものです。いじめを誘発する心情は、すべての人間の心に内在するものであるという前提で考えていきましょう。

わが子が「いじめられているかも」と感じたら次の①〜⑤を、また、わが子が「いじめているかも」と感じたら⑥〜⑩のことをチェックしてみてください。

①学校や友だちの話をほとんどしなくなった
学校の話題を出してみてください。表情がくもり、友だちのことを話したがらなくなります。

授業参観や保護者会はもちろんですが、登下校の様子などを何気なくみてみましょう。

②友だちが遊びに来なくなった。遊びにも行かなくなった

以前は遊んでいた友だちと遊ばなくなり、遊びに行く回数が減ります。遊びに出た時には、帰ってきた時の表情をよく観察してみてください。

③朝、表情がくもり、登校をしぶるようになった

登校をしぶるようになったら深刻です。すぐに学校に相談しましょう。朝の頭痛や腹痛は精神的なものであると考えて間違いないでしょう。

④学用品や衣服が荒らされているようで、金づかいも腑に落ちないことが多くなった

いじめのスタートは靴隠しや学用品への悪戯です。ランドセルや服の乱れにも気を配ってください。金銭を要求されるいじめは、次第に高額へとエスカレートしていきます。家庭内のお金の管理はしっかりと行いましょう。

⑤ストレスのはけ口か、親や家族への反抗が目立ち始めた

いじめの初期では、ストレスのはけ口が家族に向かいます。以前みせなかった反抗の姿に驚くこともあると思いますが、興奮せずに受け止めてください。

⑥予防線を張っているのか、対象児への悪口が増えるようになった

いじめを正当化する予防線を張り、親も味方につけるために何かとターゲットにしている子どもの悪口を言うようになります。事の真偽を注意深く確認してみましょう。友だち何人かの親が情報を共有できればいじめは未然に防げます。

⑦自分の部屋（密室）での電話やメールが多くなった

自分の部屋でメールのやりとりをする時間が長くなります。仲間と善からぬ相談をしていないかと注意深く観察することも時には必要でしょう。

⑧金づかいが乱れ、見慣れない物を目にするようになった

小遣いの範囲では到底買えないような物を持ち、「友だちから借りている」などと答えたら、「相手の親にお礼の電話をしなければね」などと、子どもに確認してみたらいかがでしょうか。

⑨特定の友だちとだけ遊ぶようになってきた

いじめの仲間は、自分たちに都合のよい掟を決めて、鉄の結束を組みます。なぜなら、自分もいじめられるという恐怖といつも背中合わせだからです。いじめさえしなければ素晴らしい友だち関係なので、親同士も仲良くなりいじめを抑止する雰囲気を育みましょう。

⑩家庭では努めてよい子を振る舞おうとするようになった

いじめている子の親は「全く気づかなかった」とよく話します。これでは、親としての観察力不足は否めません。子どもは外でいじめることでストレスを発散できているので、家の中で

はよい子を装うことができるのです。よい子の振る舞い方に不自然さを感じたら、よく一緒に遊んでいる子どもの親などと連絡を取り合ったり、遊んでいる様子を何気なく観察することも必要です。

[69]……学級崩壊の早期発見 「十のポイント」

第1章にも記した通り、学級崩壊は様々な要因が複雑に絡み合って発生します。子どもたちの生活の中心である学校は、ある意味密室性が高く学級崩壊の兆候を見落としてしまうこともあります。子どもの立場からすれば、教師は評価する側、子どもは評価される側という関係であるという意識が底流に流れ、子どもたちの怒りの本音は、崩壊という形で爆発するまで水面下で醸成されています。子どもにとって自然体で心の叫びを吐露できるのは紛れもなく家庭であり、わが子の「荒れ」に最初に直面するのは親なのです。ここでは、学級崩壊を未然に防ぐために、親としてできる早期発見のポイントを整理しておきましょう。ぜひとも保護者会などで話題にしてほしいものです。

わが子のクラスが「学級崩壊では」と感じたら次のことをチェックしてみてください。

①学校や教師への悪口が極端に増える

今まではあまり学校のことを話さなかった子までもが、平気で教師の批判や学校への不満を漏らすようになります。

②親や家族への言葉遣いが乱暴になる

攻撃的な口調で反発し、驚くほどに言葉遣いが乱れてくる。女子の方が顕著であり、早期発見の大切な視点になります。

③学校の話はしようとしなくなる

自分自身も乱れてきた（崩壊原因の当事者）場合は、保身のために学校の話題がなくなり、親が問いかけてもさけようとします。

④服装や履き物が乱れてくる

服装の好みが一変し、親に注文をつけては新調させようとします。靴のかかとを踏みつけてだらしなくなります。

⑤学用品などを粗末にする

ランドセルの傷みが激しくなり、その中身も乱雑で学用品に対する愛着がなくなります。

⑥学校からの配布物をみせたがらない

学校からの配布物、特に保護者会などのお知らせを持ち帰らずに、親に対してなるべく学校へ行かせないようにします。

⑦集中力がなく、根気強く物事に取り組めなくなる
家庭学習や習い事への意欲が低下し、集中して物事に取り組めなくなります。
⑧担任からの電話連絡が増える
学校でのトラブルが多発し、担任から指導を受けるような連絡が増えます。
⑨テストや通知票の成績が下がる
集中力の低下が引き金となり、学業成績が著しく低下します。
⑩特定の友だちとの関係を何よりも優先させる
自分たちだけに都合のよい掟で結ばれた仲間を大切にし、鉄の結束で結ばれます。

Ⅲ　親はこんなほめ方・しかり方を

家庭教育がうまく行われるかどうかの鍵は、親の上手なほめ方としかり方にあります。核家族化に拍車がかかり、それまで祖父母や家族兄弟姉妹が担っていた躾の教育は、今日では、親の双肩に重くのしかかっているようです。「親が変わらなければ子どもは変わらない」という前提に立ち、教育のプロとして「ほめ方・しかり方の極意」を親に伝授しましょう。

［70］……子どもが他人に迷惑をかけたら、どうするか

子どもはトラブルに直面しても、それを自分で乗り切ることができて初めて成長を遂げるものです。親の過保護や過干渉は子どもの伸びようとする芽を摘んでしまいます。それは、植物が日照りや暴風雨に耐え抜いてこそきれいな花を咲かせ、大きな実をつけるのと同じとも言えます。自然の摂理に逆らっては立派な人間など育ちません。

例えば、子どもが外で他人に迷惑をかけたとしたらどうしますか。一番の駄目親のする行動は、即座に現場に出向き、理由も聞かずに相手に詫びを入れて一件落着させてしまおうとすることです。そして、そのような親は、その後子どもには根掘り葉掘りと事情を聴く一方、「親に恥をかかせた」と言ってガミガミとしかります。

この親が最初にした行動は、世間体を保つためのその場しのぎのものにすぎないものです。これは事の本質を捉えたものではなく、当事者間のトラブルに親が出しゃばり過ぎた最悪のケースと言えます。

一昔前の親ならば「子どもの喧嘩に親は出るべきではない」と言って、子どもに自力解決をさせたものです。こうして子どもたちは無い知恵を搾り、右往左往することで二度としてはいけないことを肌で探り当てるのです。親が相手宅へ行って子どもの代わりに謝り、さらに当事者ではな

い親にも詫びを入れ、許しを請うという構図は、子どもの人間力を育むことにはなりません。親は、どんなに心配でもぐっと我慢して時が過ぎ去るのを待ちましょう。上等な親は、子どもなりの解決の不充分さを察知し、後から内緒で手みやげでも持ってお詫びに出向くに違いありません。

[71]……自分の言葉で反省するまでしかろう

電車などの公共の場で子どもが泣く場面に遭遇した時、私はあることを考えてしまいます。それは、「痛くて泣く」のは仕方がないことだとしても、「親にしかられて泣く」、「わがままで泣く」、そんな子どもの姿をみた時、これは人前で泣くことを容認していることに繋がるのではないだろうかと思うのです。こんな時、大半の親は周囲に気を遣ってわがままを許してしまいます。子どもの自制心を育てる絶好の機会であるにもかかわらず、世間体を優先させるのです。後でいくら厳しくしかっても何の効果もありません。子どもの側からすれば「人前で泣けば大抵のことは許される」という身勝手な人間をつくることに他なりません。これに対し、ごく稀に人前でも毅然とした態度で子どもに接する親に出会うことがありますが、このような親をみると清々しい気分になり、「頑張れ」と心の中で叫んでしまいたくなります。

最近学校でも、都合の悪いことがあると大声で泣き叫び硬直して動けなくなる子や、手当たり次第に物を投げつけたりして暴れる子が増えてきたように思います。私はそんな場面に出くわすと「涙は何も解決してくれない」と言って、自分の言葉で反省ができるまでそのままにしておくことにしています。その子のために周囲が不愉快な思いをした時間や壊した物などは絶対に元通りにできないこと、わがままの代償は大きいことを思い知らせます。極度の個人主義的な振る舞いは社会的制裁を受けるということを幼児期から伝えるべきなのです。

[72]……時には、子どもにペナルティーを与えるしかり方も

少子化や核家族化、物騒な社会、塾や習い事、公園や自然の減少などの影響を受け、最近「群れて遊ぶ」子どもたちが少なくなりました。さらには、異年齢集団で遊ぶ機会が極端に減少していることも大変気がかりです。昔は「ガキ大将」を中心とした社会集団が町の中にたくさん形成され、世の中や学校のルール以外にも守らなければならない「掟」があることを子どもたちは自然に学びました。年上の子から順に好きなポジションを選んだ野球やボール遊び。幼い子には特別ルールでアドバンテージが与えられていた鬼ごっこやかくれんぼ。集団の秩序と秘密を厳格に守った基地遊び。どれもが子どもたちの自治的な営みの中で創り出された心地よいルールでした。だから、このルールを破る者には「仲間はずれ」という重いペナルティーも科せられました。とは言っても、今日のいじめのような陰湿なものではありませんでした。子どもたちは集団の秩序と掟を守ることで、逆境にも打ち勝てる「耐性」を自然に身につけていたのでしょう。

一昔前までは学校のルールが、子育ての最高法規として親のよりどころとなっていました。しかし今日では、家庭のルールに学校が翻弄されている感があります。個性は大切なことですが、素晴らしい個性を持った人は、周囲にそれを押しつけず、気配りが十分にできるものです。家庭で許されることが学校で許されないと子どもたちは反抗します。家庭という社会のルールに厳格になり、時には子どもに対してペナルティーを与えることも必要なのではないでしょうか。

［73］……やめよう、何度もほじくり返すしかり方

私も父親としてよく反省することですが、自分がされたら嫌なことを子どもにはしてしまいます。親心と言ってしまえば格好はよいのですが、失敗させたくないと願うばかりに、ついつい同じ小言を繰り返すのです。二度と繰り返さないようにとの思いから、過去の過ちをしつこくほじくり返してしまうことがあります。これでは、子どもの心の叫びを理解できない駄目親です。

子どもたちが「教師や親に望むこと」のアンケートで常に上位にランクされるのは、「ガミガミしつこくしからないでほしい」、「同じことを何度も言わないでほしい」です。親や教師にしかられることに対しては当然のこととして受け入れているのに、機関銃のように次から次へと逃げ場のないくらいにしかられることには、子どもは拒否反応を示します。

さらに最近の子どもたちは、しかられること自体にも不慣れのようです。学校教育も家庭教

育も「ほめて伸ばす」という風潮が蔓延した結果、煽てなければ何もしない、ちょっと厳しくされただけでその克服法さえ見失ってしまう。不登校、ニート、引きこもりという社会現象には、もろくて極度に繊細な子どもたちの増加が背景にあるようです。

現代に必要なのは、機関銃ではなく心にドシンと深く響き渡る大砲のようなしかり方です。わが子が将来、どんな試練に遭遇しても自分自身で力強く荒波を乗り切る精神力を育むために、「しかり上手な親」の存在が必要不可欠なのです。

[74]……やめよう、自己満足や世間体を気にしてのしかり方

ほめ方やしかり方には人間性が如実に表れます。特にしかる時は感情的になり、その人の本性が出てしまいがちです。時として感情的にしかることは決していけないことではありませんが、次第にエキサイトしてコントロールができなくなることがしばしばあるものです。学校ではこのような時に体罰へ、家庭では虐待という形に発展するケースが多いため自己制御する冷静さを保たなければなりません。

それには、腹が立ち興奮してきたら深呼吸し、殴りそうな感情がこみ上げてくる前にポケットに手を入れたりすることです。感情的にしかっている時でも子どもは意外と冷静で、親の人間性までも見抜いてしまうケースが多いものです。親子の関係もひびが入り、思春期に反抗と

いう形で出現するケースも少なくありません。しかる時にも深い愛情を忘れずに「子どもを育てる」という視点を忘れてはいけません。

しかし、これよりもっとまずいのは、自己満足のためや人前で見せしめ的にしかることです。こんな形で育てられた子は、自分も親になった時に同じことを繰り返します。いわゆる「暴力の連鎖」です。しかることがエスカレートし興奮が抑えられなくなることは、最近では珍しいことではなくなりました。頻発するようであれば専門機関で相談することを勧めてください。

親である前に一人の人間です。たまには親の立場を忘れてリフレッシュできる余裕が求められています。子どもの育ちは些細なことを押し流し、大きなうねりで日々流れています。

[75]……ほめる時はタイミングをとらえインパクトのあるものに

ほめることは最高の教育です。家庭で子どもに投げかける言葉を冷静に吟味してみてください。ほめ言葉と、しかり言葉とではどちらが多いですか。もしかするとそのほとんどが「早くしなさい」とか「宿題や勉強はもう終わったの」とかなどの小言ではありませんか。子どもの生活を否定的にみてしまうと精神衛生上悪循環を生むことが多いものです。小言やしかり言葉よりもほめ言葉が多くなるように、余裕を持って肯定的に子どもをみてやりましょう。

しかし、むやみやたらに、ほめ言葉を乱発することは、全く努力しない子どもを育ててしまいます。学級経営でもそうですが、ほめることのハードルが低い学級は、最初のうちは和気藹々として活力に満ちていますが、ほめられることに慣れっこになってしまい、精一杯努力することを忘れ、後半には学級崩壊するケースが少なくありません。家庭でも何かにつけてほめられ過ぎると有り難みがなくなり、やがては努力しない子を育てることになります。目標に向かって努力している時の緊張感を保つためのほめ言葉は、何よりの刺激になります。「いつでも見ているから地道に頑張りなさい」というような思いを込めてのほめ言葉は、どんな小言よりも効果的です。花に水をやるようにタイミングよく注ぎましょう。

でも、花も水をやり過ぎると根腐れすることも忘れないでください。そして、大きな願いが叶った時や地道な努力が叶った時には、大げさに全身で表現するようなインパクトのあるほめ言葉で盛大に賛美しましょう。成就した時の喜びが大きければ大きいほど、次への努力を怠らなくなるものです。

[76]……小さな成長を確かめられるほめ方を

人間は、他の動物に比べ生理的に早産で生まれてくるといわれます。自力歩行までに約一年を要し、言語の表現が満足にできるようになるにはさらに数年の歳月がかかります。このように、他の動物には例のないことが、早産であるといわれる理由であるようです。

「這えば立て、立てば歩めの親心」とは親の願いをよく表したものです。どの親も生まれて直後の遅々とした成長に一喜一憂し、独り言の「パパ」「ママ」の発声に感動します。そして、ちょっとでも様子が変だと祖母や親戚、あるいは育児の先輩に相談したり、育児書を読んだりします。

しかし、歳月が流れ子どもが生意気な口をきくようになった頃にはどうでしょう。乳呑み児の頃の愛情は影も形もなくなり、つまらないことばかりを他の子と比較しては小言を連発します。生まれた時は、丈夫で元気に育ってくれることだけを願っていた親ですが、それがいつしか過度の期待をかけ欲張りになります。

確かに子どもの才能は無限ですが、親の期待どおりにその才能を発揮するかは、どんな高名な教育者でも予測することはできません。

子育てに悩んだ時、生まれて間もなかった頃の崇高な愛情表現の様を思い出してください。少しはゆとりを持って子どもをみつめられることでしょう。親が子どものほんの少しの成長を見逃してしまったら、頑張る意欲を持てない子を育ててしまいます。「ただ泣くだけで自分からは何もできなかった子が、ここまで大きくなった」と思える親は幸せになれるはずです。

[77]……褒美を与えるほめ方ばかりでは……

子どもたちに通知票を渡す時にしばしば耳にする言葉があります。それは、「成績が上がったら○○を買ってもらえる」という、褒美を楽しみにしている言葉です。意欲を喚起する方法はたくさんあり、どの親もいろいろと工夫していることでしょう。でも、子どもの様子を観察してみると、褒美を得るために努力しているわけではなく、結果がよければ親との約束を思い出す程度のものです。

大切なことは、努力は誰のために、何のためにするのかということをしっかりと理解させるべきだということです。褒美のためだけに努力している子がいるとしたら、見返りがなければ何もしない子になってしまうでしょう。最近学校でも努力の代償として教師に見返りを求める子が増えてきています。部活動の大会や学級対抗の行事の際に、「先生、勝ったらアイスクリームご馳走して」とか「優勝したら焼き肉パーティーね」などのようにねだります。その誘いに応じてしまう教師が増えてきたことも残念ですが、背景には家庭教育の影響が色濃く映し出されているように思います。

本当の感動はお金で買えるものではないし、崇高な努力を物に置き換えてしまうことはあまりにも陳腐です。親から手を握られ、「よくやったね」の言葉と頬を伝う涙があれば、子どもには他に何もいりません。

Ⅳ　小学校低学年の親へのアドバイス集

入学式で席に座っていられない、授業中教室や廊下を徘徊する、教師に「くそババア」「くそジジイ」と平気で吐き捨てる。一昔前には想像もできなかった「変な低学年の子どもたち」が増えてきているとよく耳にします。当然「幼児期の育ち」に原因があることは間違いありませんが、ここでは、私の幼稚園勤務時代や子育てに悩む親との教育相談の経験をもとにヒントをアドバイスしましょう。

［78］……考え直そう、「パパ、ママ」の呼ばせ方

二十四時間体制で子育て教育相談をしていると、本当にわが子の子育てに悩み苦しむ親が多いということに驚かされます。相談内容や家庭環境の一通りの話を聞いた後、私は必ず「お子さんは親のことを何と呼んでいますか」と尋ねることにしています。そうすると、七割以上が「パパ、ママ」と呼んでいると答えます。このような呼ばせ方を否定するつもりはありませんが、乳児期に発音がしやすいために、そう呼ばせている親がほとんどなのでしょう。

大切なことは、人前で「パパ、ママ」といえる時期は「お父さん、お母さん」より短く、思春期になって親を呼ぶことに余計なハードルを増やしてしまうことになりかねないということ

です。子どもが親を呼ぶことはごく自然なやりとりであり、回数が多ければ多いほど家庭生活に温かみが生まれます。しかし、無意識に発していた「パパ、ママ」が周囲に抵抗感を与え、親を語ることさえも躊躇するようになってしまったら、これは意識的に考えなければならない大問題といえます。

そこで、小学校入学などという人生の大きな節目の時期に、「パパ、ママ」を卒業させてみてはいかがでしょうか。やがて悩み多き年頃になっても父や母を最良の相談相手として、気軽に呼びかけてもらうためにも、無意識にしていることをみつめ直してみませんか。

［79］………「お兄ちゃん」「お姉ちゃん」と呼ばせよう

私は、以前二歳と五歳の兄妹を養育したことがあります。私どもの学園に入園して間もない頃は、二人のわがままが抑えられずに喧嘩ばかりしていました。言葉も乱暴でスタッフも呆れるほどの傍若無人ぶりでした。どうすれば落ち着いて安らぎのある生活が送れるものかと思案を繰り返していた時、私の母がある提言をしました。それは、「これからはみんなで兄を『お兄ちゃん』と呼びましょう。特に妹には呼び捨てをした時は何度もやり直しをさせましょう」というものでした。

半信半疑にこのことを実践してみると、みるみる効果が現れたのです。それまでは吐き捨てるように兄を呼び捨てにしていた妹が、「お兄ちゃん」と言うだけで会話に温かみが生まれ、兄も「お兄ちゃん」と言われることで優越感に浸り、行動全般が優しくなってきました。兄妹喧嘩も少なくなり、表情までもが優しさの感じられるものに変貌しました。まさに「おばあちゃんの知恵袋」です。

学校でも、子どもたちは名字を呼ぶよりも名前やあだ名で呼び合うことが多くなっています。一見微笑ましいものですが、節度という点では少々気になります。家庭ではどうでしょうか。「パパ・ママ」同様、親近感を優先させた呼び捨て家族は多くないでしょうか。家族にも立場や役割があり、「親しき中にも礼儀あり」です。無意識に身についていることは子どもにとって重要な教育財産です。家族の呼び方や会話を再考してみましょう。

［80］……「○○ちゃん」を早めに卒業しよう

ジェンダーフリーの視点から、男女とも「○○さん」と呼ぶ思想について、私見を述べるつもりはありません。ここでは、まだまだ一般的であると思える男女の敬称「さん・くん」を用いた提言をさせていただきます。

二、三十年ほど前からなのでしょうか、教師の発する子どもの呼び方も様変わりしてきたように思います。距離が近づいたと言ってしまえばそれまでですが、姓ではなく名前を呼び捨てしたり、○○ちゃんと呼んでみたり、挙げ句の果てにはあだ名で呼んでしまう教師もいるようです。親近感を出そうとする考えには異論はありませんが、プロの教師としては意識が低いようにも思います。些細なこととは言え、こんな時代だからこそ子どもの呼び方については、学校全体で議論することも必要ではないでしょうか。

家庭でも、親はわが子に愛情を込めて「○○ちゃん」と呼んでいることが多いようです。大人になるまでその呼び方を変えない親が大半なのかもしれません。しかし、敬称一つで会話の雰囲気は一変し、強固な家族関係を育むことに貢献することができます。子どもに「パパ、ママ」ではなく「お父さん、お母さん」と呼ばせるタイミングを捉えて、親も「○○さん」、「○○くん」と呼ぶようにしてみてはいかがでしょうか。最初は抵抗があっても、その呼び方に慣れてきた頃、一段と成長したわが子の姿をみることになるでしょう。

[81]……ルール、マナー、時間に厳格になろう

私は、大人たちの道徳観や倫理観の欠如によって、社会全体が低俗化してきたとつくづく感じています。ご都合主義や利便性優先の風潮が蔓延し、善悪のものさしよりも損得のものさしで物事すべてを推し量ってしまう。そんな殺伐とした大人社会の影響は子どもの育ちに如実に反映されています。学校でも一昔前の常識は通用せず、教師が当惑する場面も少なくありません。

わからないことをわかるようにと教え導くことが本来の学校教育であるのに、わかっていても悪びれてわざとしない子を諭すことは、空しさを感じるとともに大変なエネルギーを要します。本来ならば家庭教育で行われるべき人間としての常識的な躾までも学校教育が補完し、またそれを当たり前のことのように求めてくる親が多くなってきています。このような状況をみるにつけ、学校そのものが崩壊寸前にあるような気がしてなりません。

教師は、「子をみれば親がわかる」と、よく言います。礼儀正しい親の子は、言葉遣いも丁寧で気持ちのよい挨拶が自然に出てきます。おそらく子どもは、幼児期から親の姿をみて知らず知らずのうちに身につけたのでしょう。このように、子どもは親をみて育つのですから、親自身が最高の教育者を演じてほしいのです。親が社会のルールを厳格に守ることで、子どもに規範意識を植え付け、マナーを守ることは生活全般に爽快感を醸し出すということを背中で教えていただきたいのです。

時間を守ることとは家庭生活の中で自然と身につけさせることが一番効果的です。それを、学校という集団生活の中で行おうとすると倍も三倍も時間がかかることになってしまいます。

［82］……気持ちのよい挨拶は日々の積み重ねから

私は、毎日登下校時に正門で八〇〇人近い子どもたちと挨拶を交わします。雨の日も風の日も校門をくぐる子どもたちの表情をみていると、人の印象は瞬時で決定づけられることを実感します。挨拶の仕方一つで、その子の人格や才能までもわかるかのような錯覚さえしてしまうほどです。気持ちのよい挨拶を習慣づけることは、むずかしいことではありません。毎日親が心のこもった挨拶を心がければよいことなのです。

挨拶の仕方は千差万別ですが、概ね次の八つに大別できます。わが子の実態はどうなのか、合わせて親自身はどうか、チェックしてみるとよいですね。

子どもの挨拶　八つの姿

①相手の前まで来て挨拶をする。
②立ち止まって挨拶をする
③会釈をしながら挨拶をする。
④大きな声で挨拶をする。
⑤目を合わせて挨拶をする。
⑥小さな声でも先に挨拶をする。
⑦こちらの挨拶に促されて挨拶をする。
⑧挨拶ができない。

> ①と②のような挨拶ができる子は一〇〇人に一人ぐらいであるが、その子どもの誠実さが伝わり、挨拶をされた側の好感度は非常に高い。
> ③から⑥は家庭での毎日の努力次第で実現可能である。
> ⑦と⑧は人間関係が上手に保てないことも考えられるため、心理面も含めた細心の指導を要する。

［83］……履き物を揃える習慣をつけよう

「心の乱れは足下から」と言いますが、これには二つの意味が込められています。一つ目は、足下を身近な日常生活として捉え、「心の乱れは、日々当たり前のように繰り返される生活の中で、ほんの些細な歯車のずれから生ずるものである」こと。もう一つは、足下という部位を表し、履き物の乱れが心の乱れを如実に表していることを意味しています。

確かに子どもたちが荒れ出すと、一様に靴のかかとをつぶして履くようになってきますし、下駄箱に自分の靴を揃えておくこともできなくなります。このような子どもたちを観察してみると、「できないのではなく、やろうとしない」、「真面目に丁寧にやることを揶揄する」という風潮になっているようです。しっかりと靴を履くことも、靴を揃えて置くことも面倒くさい、と思っている子にどうやって机に向かわせ学習に集中させればよいのでしょうか。簡単に答えを出せる教師などいないと思います。言い換えれば、こうなってしまってはもう遅いということです。

幼児期から、玄関では「履き物を揃え向きをかえること」を手厳しく教育された子はそう簡単には心が乱れません。外から帰って玄関で靴の向きを揃えるためには、自然と両膝が床の上につき、一拍のゆとりが生まれるはずです。「玄関でその家の教育がわかる」。家庭訪問でつくづく感じます。親自らが率先垂範しましょう。

［84］……たっぷりさせよう、「どろんこ遊び」「収穫体験」

「人生の大半の知恵は、幼稚園の砂場で学ぶ」。幼児教育では常識となっている名言だそうです。恥ずかしいことですが、このことについて私は数年前に幼稚園勤務をするまで一度も聞いたことのない話でした。後始末や着替えの世話まで大変なのに、どうして子どもたちは、毎日砂場でどろんこ遊びをするのかが不思議でたまりませんでした。そこで、担任の先生に聞いてみたところ、「穴を掘るにも、山をつくるにも、水を運ぶことだって一人ではできない。夢中で遊びながら協力の大切さや我慢することを覚えるのです」と明解な答えが返ってきました。これを聴いて幼稚園教育の奥深さをみせつけられた思いがしたものです。

私の勤務していた幼稚園では、秋には電車に乗って芋掘りに行きます。行きはよいのですが、帰りは自分で掘った芋を全部自分のリュックに入れます。どろんこだらけの体で約六キロを背負います。弱音を吐く子もいますが、先生は絶対助けません。翌日、昨夜の食卓での芋の味を尋ねてみると、「今までで一番おいしかったよ」と、苦労しての収穫にみんな満足そうでした。

しかし、年々どろんこになることを嫌がる子が増えてきているようです。芋掘りでは土に触れず泣き出す子もいたほどです。いったい誰がそうさせたのでしょうか。服を汚して帰れば洗濯が大変だと怒られ、土を触れば不潔だと手を洗わされるからでしょうか。こんなことで、元気で丈夫な子が育つはずがありません。苦労もせずに手間を惜しんでいてはよい子育てなどできるはずはありません。今の時期にしかできないどろんこ遊びやドロダンゴづくり、砂場遊びです。だから、「思いっきり汚してごらん」と言って遊ばせてください。さらには、収穫の喜びを自らの手で体験できる家族の触れ合いも積極的に行いましょう。子どもたちは、これをとおして創造力を養ったり、仲間と協力し合ったりするのですから・・・。

[85]……偏食は親の努力で改善させよう

朝食を摂らずに学校に来る子どもたちが増え、健康面・体力面さらには学力の面でも弊害が出ていることが各方面から指摘されています。給食費未納の問題は別次元であるにせよ、保護者の価値観の多様化などもあって、学校における「食」に関する課題は年々多岐にわたる傾向にあります。「食は生活の基本である」との認識に立って、わが子に給食で不憫な思いをさせないためにも、各家庭での食の改善に向けた取り組みが急務となっています。

子どもたちの給食の様子を観察してみると、多くのことが浮き彫りになってきます。食事中大声で話したりする食事のマナーを知らない子、食べ物を粗末にする子、極度の偏食や少食の子など、家庭ではどのような食生活をさせているのかと思わずにはいられないことがあります。

食物アレルギーなどによって、特定の食材を除去する必要があることは仕方のないことですが、「まずいから食べない」、「家で食べたことがないから食べられない」などということは、貧しい家庭に育った私からすれば腹立たしい感じすらします。「食の嗜好は年代により変化するから、無理に食べさせなくても」と考えている親も増えているようですが、子どもが給食を苦痛な時間に感じるとしたら、それは親の責任です。なるべくバランスよく多くの食材を食べられるように、家庭でも調理法などで偏食を改善させる工夫をしてほしいものです。給食の大量な残飯を見るたびに、幼い頃を思い出し「豊かな時代になったものだ」と、呆然としてしまいます。

［86］……大切にしたい、「おすそわけ」の精神

「公園デビュー」という言葉が市民権を得て久しいものがありますが、これは一説によれば、核家族化の影響で子育てに不安を抱えている親が増加し、公園で同世代の子どもを持つ母親同士が情報交換をすることを言うもののようです。三世代同居の世帯が減少するとともに、近所づきあいも希薄となったこともあって、公園で談笑する親の集団が年々増えてきているようです。大半の集団は微笑ましく良好な関係であり、子育て談義ばかりでなく親同士の人間関係の深まりも築くことができているようです。しかし、その反面、仲間関係の帰属意識の違いや世

間体を過度に気にすることにより、親同士の陰湿ないじめや、悲しい事件が生じてしまうこともあります。

これは、親のコミュニケーションスキルが低下し、能動的に人間関係を構築することが苦手になったからでしょうか。できあがったコミュニティーに参加することはできても、「自ら進んで他人と仲良くなろうとは思わない」などと考えている個人主義的な人々も多くなったこともあるのでしょう。

昔は、「天麩羅をたくさん揚げたので……」とか、「田舎から野菜や果物がたくさん送られてきたので……」などと言っては、体裁など気にせずに新聞紙にくるんで、御近所に振る舞ったものです。そこには、「お互い様」という精神のもと、互いに助け合ったり、力を合わせようとする強固な人間関係がありました。現在のように、隣人であっても挨拶もしないという人が多い時代だからこそ、いただき物をほんの少しだけでも分かち合う「おすそわけ」の精神を大切にしたいものです。

［87］……友だちの家で遊んだら、必ずお礼の電話を

子どもの放課後の生活をみつめ直してみると、人としての成長がよくわかります。例えば、小学校一、二年の時期は、様々な人間関係の中でたくさんのことを学ぶことによって、子ども

の社会性が大きく芽生えます。ですから、子どもが学校から帰っても遊びに行こうともしないとか、友だちからの誘いもない、というようであれば、担任教師に一度よく相談してみるべきです。高学年や中学生になりいじめられる子は、「親しい友人がいない子」が「親しい友人のいる子」の二倍の割で出現するというデータもあります。過保護で「親とべったり」という関係もこの時期に卒業し、帰りが遅くて心配するぐらいに思い切り冒険させてやりましょう。子どもを無菌状態のなかに押しやることは免疫力を弱めてしまうことにつながります。

しかし、そうは言っても、全くの放任で子どもが「どこで何をしてきた」のかさえ掌握できていないことは考えものです。「誰とどこで」遊ぶかまでを干渉する必要はありませんが、データとして蓄積しておくことは必要でしょう。もし、テレビゲームなどをするために遊びに出かけているようであれば、「どろんこになって大汗をかく遊びをしてきたら」などと促してみることも大切です。そして、友だちの家で遊んだことがわかったら、必ずお礼の電話を入れる習慣をつけましょう。親同士が仲良くなれば子ども同士の関係もより強固になり、自分の家ではみせない意外な一面も発見できトラブルも未然に防げるものです。頻繁におじゃましているようであれば、「おすそわけ」などの心配りも必要になるでしょう。

V　高学年から中学生の親へのアドバイス集

「いじめ」や「学級崩壊」のほとんどが高学年から中学生の時期に出現します。子どものめざましい変化に茫然自失する親も少なくないことでしょう。この時期に親と子どもの揺るぎない信頼関係が構築できれば、大人になるまで大丈夫であると言っても過言ではありません。「厳しさ」と「優しさ」をバランスよく調和させ、わが子も社会の一員であるという意識で、「他人に迷惑をかけない教育」を実践しましょう。親からみればいつまでも子どものように思えても、この時期は心も体も大人の仲間入りです。

[88]……小遣いは定額制で

貧しい家庭に育った私は、「小遣い」について鮮明な記憶があります。母は小学校入学から月一〇〇円の小遣いをくれ、学年が一つ上がるたびに一〇〇円ずつ上乗せして、六年生の時は六〇〇円にしてくれました。月六〇〇〇円の家賃のアパートに母と二人きりの生活でしたので、母としても決して余裕のある支出ではなかったはずです。四年生の頃、周囲の友だちが自転車に乗り始めたのをみても、「買って」などとせがめるはずもなく、私は小遣いをコツコツと貯金したものです。そして、二年近く経って「お年玉」と合わせて念願の五段変速の自転車を手にした時の感激は今でも忘れられません。だから、自転車を雨ざらしになどできず、アパートの住人に断って屋内の片隅に置かせてもらっては毎日磨いていました。「乗る時間より磨いてる時間の方が長いね」と、からかわれたりしましたが、それでも嬉しかったものです。

今の子どもたちはどうでしょうか。幼児の頃から真新しい自転車を与えられ、カゴの中には高価なゲームや携帯電話まで入っています。駄菓子屋やコンビニなどで次から次に菓子を買います。そして、空腹が満たされれば食べ物を粗末にする有様です。親は、いったいいくらの小遣いを与えているのでしょうか。

家庭訪問などでよく「小遣いの与え方」について尋ねられますが、私は自らの体験を話し、定額制で与えることを薦めています。「もし、足りなくなったら?」の問いには、「仕方なく追加して与える親が多くなったから、お金の有り難みを感じる子が少なくなったのですよ」と答え、「子もいずれは親になるのですから」不憫な思いをさせるのも親の愛情ではないかとアドバイスしています。小遣いの自己管理は大人でもむずかしいのですが、小学校高学年の時期から、財布の残額と次に貰える日までの日数を意識させ、計画性を育てましょう。

［89］……携帯電話は自分で払えるようになってから

私は、携帯電話の普及が子どもたちを悪くしていると実感しています。極論かもしれませんがつくづくそう思っているのです。例えば、親の知らないところで子どもたちはよからぬ相談や勝手な約束をしたり、時と場所をわきまえない自己中心的なふるまいを助長しています。さらには、メールによる一方的で独善的なやりとりはいじめの温床となっていることも少なくありません。

確かに携帯電話は利便性が高く、有効利用すれば生活を豊かにする道具ではあります。現に小学校低学年でも物騒な世の中を反映して、安全のために持たせるというケースも少なくありません。

ここでは、プライベートを楽しみたいが故に、高学年の時期に子ども自らが携帯電話の所有をせがむケースに限定して考えてみましょう。次に紹介する実践は、以前担任した六年生での国語学習の一環として行った、「小学生に携帯電話は必要だろうか」と題するパネルディスカッションの授業記録です。

●テーマ「小学生に携帯電話は必要だろうか」

テーマ設定の理由と子どもたちのテーマに対する現状

教室でも携帯電話の話題は以前からよく聞かれるようになりました。親にねだって買ってもらった子と、なかなか願いが叶わず不満を漏らす子。友だち関係を維持するためにも子どもたちの最大関心事でした。雑談の域を超えて子どもの本音を聞いてみたいと強く思い、国語の学習で取り組んでみることとしました。本来ならば、対立する二論に分かれての討論が予想されるため、ディベートの形式の方が適当かと思われましたが、六年生ではパネルディスカッションを学習することになっているため、あえてこの形式で学習することとしました。

子どもたちの現状は、携帯電話を「所有している子」はクラスの約三割で、他の四割は「ぜひ欲しい」、残りの三割は「欲しいとは思わない」。つまり、「必要派」七割、「不必要派」三割という構図でスタートです。

①司会者（担任）による議論の方向づけ（三分）

「携帯電話は確かに便利な物です。しかし、小学生の君たちに必要なのでしょうか。休み時間などに教室でも話題になっているようですから、今日はクラスのみんなでこのテーマについて話し合ってみましょう。パネルディスカッションは結論を出すものではありませんが、もしも一定の方向性が示された時には、今後の自分自身の判断材料としてください。発言の中身について親に伝えることはしないので、本音で話し合いましょう」

②各代表者による立論（各三分）

〈必要派　約七割　代表Aさん〉

「親や家族を気にしないで友だちと話やメールができる」「時間を気にせずにいつでも連絡が

取れる」などの携帯電話の利便性について立論された。

〈不必要派　約三割　代表B君〉

「親が反対することを小学生はすべきではない」「お金がかかる」「メールなど顔をみたり声を聞いたりしなくてもできるため、友だちの関係が悪化する」など、携帯電話の弊害について立論された。

③各代表者による反論（各二分）

〈必要派　代表C君〉

「話ができない時にメールは便利」「定額制にすれば月三〇〇〇円程度でお金もかからない」「親を納得させればよい」などと反論。

〈不必要派　代表Dさん〉

「毎日会っているのだから学校で話せばよい」「お小遣いでは三〇〇〇円など払えない」「悪質なメールで傷ついた人がいる」「親はなかなか納得しない」などと反論。

④全員での質疑・討論（二十分）

「メールで嫌な思いをした人へはどうするつもりなのか」「お金は誰が払っているのか」「親は周りのことばかり気にして、自分の考えを話してくれない」などの質疑討論が続いた。

不必要派が優勢のうちに質疑・討論が進み、実際にメールで傷つき大変苦しんだ姉の話が切っ掛けとなり、必要派から不必要派に立場の変更を求める者が出てきた。

⑤各代表者要約（各三分）

質疑・討論の最終段階では、一割の子が必要派にとどまり大半が不必要派にまわった。必要派の子も非常に冷静に次のように要約した。「今、携帯を使っていて、とても便利なのでやめる気にはならないので最後まで賛成派に残りました。でも、いろいろ問題もあるし、時には人を傷つけることもあると知り、気をつけて使おうと思います」

一方不必要派は、「小学生は自分でお金を稼いでいるわけでもないし、自分勝手に行動する範囲も少ないと思う。メールでしか自分の気持ちを伝えられないこともよくないことだとも思うし、今は必要ないと思う」と、大人顔負けの説得力のある要約を堂々と述べた。

⑥司会者（担任）によるまとめ（六分）

「先生も便利なので今は携帯電話を使っていますが、子どもの頃には携帯電話はありませんでした。固定電話もやっと各家庭に入り始めた頃でしたが、先生の家は貧乏だったので、電話はなかなか入れてもらえず、学校で配られる住所録や連絡網に自分の家の電話番号がなくて、恥ずかしい思いをしたこともあります。でも不便だと感じたことなどありませんでした。その頃と比べるつもりはありませんが、携帯電話がなければ友だち関係が維持できないとしたら残念なことです。大切なことは直接顔をみて話ができる子になって欲しいと思います。そして、もしこれから携帯電話を使う時が来たとしても、マナーを守ることだけは忘れないでください。これを守ることができれば、人間を一回りも二回りも大きくすることになるでしょう」

子どもたちは大人が考えているより正しい判断をするものです。もしかしたら、教育よりも利便性を優先させて、場当たり的で安易な判断をしているのは大人なのかもしれません。そして、何よりも親自身が、自分の「携帯マナー」をみつめ直してみてはいかがでしょうか。

［90］……子どもの家庭での役割を明確にしよう

「学級の係分担」（102頁）でも記したように、子どもたちは明確な役割があることで所属感を強くします。高学年になれば家族の一員として、応分の役割を担わなければならない時期に来ています。いつまでも子ども扱いをせずに、責任ある家事労働を分担させることです。

私の母は、七人兄妹の長女として育ったために、末っ子の子守は専ら自分の仕事だったとよく語っています。母には三人の兄がいましたが、父（私にとっての祖父）と長男は戦地に赴き、次男と三男は一家を支えるために、薪割りや井戸の水くみなど母（祖母）の右腕となり力仕事に汗を流したといいます。昔の家族にはわがままなど通用しない役割があり、その役割を確実に遂行できなければ家庭生活はうまく進んで行かなかったようです。

核家族化が進んでいる今日、家庭生活を営むための明確な役割は構築されていると言えるでしょうか。母親が愚痴と溜息を繰り返しながら家事一切を取り仕切っているのが大方ではないでしょうか。家電製品などによって便利な生活がもたらされたとはいえ、その家事労働は尋常ではなく、ストレスのために子どもや亭主についついあたるということもあります。中には「子どもに手伝わせても結局二度手間になるから」と言って、子どものやる気までを奪ってしまう始末です。子どもが新聞受けから新聞を取ってこなければ、家族みんなが新聞を読めない。風呂を洗ってくれなければ、みんなが風呂に入れないのですから、最初は滞っても我慢して役割を演じさせましょう。親がついついやってしまうのは本当の愛情とは言えません。

[91]……個室を与えるのは中学生になってから

自分の部屋を持っている小学生が多いことに驚かされる昨今です。一昔前までは保護者から、「いつ頃から自分の部屋を持たせればよいですか」とよく尋ねられたものですが、今では当然のことのように、子ども部屋もカウントした上で家探しをしているようで、そんなことを聞かれることも滅多になくなりました。

私の主宰する「こたにがわ学園」には十六歳から十九歳の女の子たちが生活しています。当然一人ひとりの部屋があるほか、門限もあり、風呂、洗濯機など、共同で使うものにも時間の制約があります。しかし、彼女たちのほとんどはアパートのようなプライベートな空間で自立の準備をしています。部屋には鍵がかかるため、スタッフは自由に足を踏み入れることはできません。突発的な事情で女性スタッフが部屋に入った時などは、部屋の汚れやゴミなどの始末の悪さに唖然とさせられることがあります。共有スペースの食堂やトイレなどの掃除も分担はしてあっても、なかなか綺麗にならないのが現状です。年頃の女の子でもそうですから、小学生や男の子ならばその惨状は容易に想像できます。

自分の部屋に閉じこもり、パソコンやメールで昼夜逆転の生活を送り、足の踏み場もないような荒んだ空間の中で「ひきこもり」の予備軍にしてはなりません。自分の部屋を与える時は、清掃などの身辺自立が図れたタイミングで、親が明確な目標や約束事、確固たる信念を持って与えるべきです。快適な空間を与えても、それ相応の責任を与えなければなんの意味もありません。

［92］……性教育は、親が自ら伝えることが一番

「僕（私）、どこから生まれたの？」

子どものそんな問いかけに仰天して、「コウノトリが運んできたの」とか、「橋の下から拾ってきたの」などと答えて、その場凌ぎをした親が少なくなかったのは遠い昔のことです。今、

子どもたちはインターネットや雑誌、テレビから性の情報を簡単に手に入れています。すべてというわけではありませんが性情報が劣悪低俗で、性を商品化することを助長しているといっても過言ではありません。形振り構わぬ愚劣な大人たちの乱行が、今では小学生にまで蔓延しているとも言えます。現に、流行の洋服ほしさに小学生が援助交際をし、そんな少女たちに欲望を燃やす大人たちによる事件が多発していることも報道されています。

学校や家庭の性教育で「性交の仕方や」「避妊の具体的方法」までも教えている実践もあるそうですが、私は反対です。間違った性知識を払拭し、正しい性のあり方を教えることは非常に重要なことで、異論を唱えるつもりもありません。しかし、性交や避妊の方法について、小学生にあからさまに教えるべきものなのでしょうか。男女の平等や生命の尊厳についてしっかりおさえた上での実践ならともかく、興味や関心を優先させるような実践では、子どもたちにインパクトが強すぎて逆効果ではないかと懸念します。

産声を聞いた時の感動を忘れていない両親ならば、性教育を他人任せにはしないでしょう。性教育とは、「命の教育」であり、「真の愛情の教育」です。

二十年ほど前のことですが、国語の学習で、「赤ちゃんの頃の写真を持ってきて作文を書く」という題材があったことを記憶しています。自分の赤ちゃんの頃の写真を見ている時の子どもたちの顔は、どの子も不思議なくらいやさしい顔をしていました。十年ほど前の自分の姿をみて、まるで命の尊厳を実感しているようにも思えたのです。

学校の性教育では一般的な知識として教えることはできても、わが子の幸福と健やかな成長を願う親の愛情の前では全くの無能です。子どもが赤ちゃんだった頃の思い出話から、性について語ってみてはいかがでしょう。

[93]……衣服の準備は、自分でさせよう

いじめは、毎日の服装のことがきっかけで起きることが少なくありません。「毎日同じ服を着ている」「汚い服を着ている」「服が臭い」などの理由で疎外されたり、嫌味を言われたりすることは教室ではよくみかける光景です。でもこのことは子どもの内面に依拠していることではないので、親や本人の努力で容易に解決できるものといえます。

以前、小学校五年生に「毎日の服装」について調査したことがあり、その中に、「毎日学校に着てくる服は誰が用意するのか」という設問を用意し、それを三択で答えさせたところ、「すべて自分で」が約六割、「すべて親が」が約二割、「自分が決めて親と相談する」が約二割でした。私は、約二割の子どもが「すべて親が用意する」という答えをみて、親の並々ならぬ努力をうかがう思いがして微笑ましい感じはしましたが、今後年齢が上がるにつれ、親がそのようなことをしていれば、子どもの抵抗感は強くなることでしょう。また、「すべて自分で用意する」

と答えた六割の子どもたちは、自分から進んで選んでいるのならばよいのですが、親に時間的な余裕がなく、子ども任せになっているとすれば、ついついルーズになりいじめの温床をつくることになるので避けなければなりません。

清潔感溢れる服装で、少しオシャレに気を配れるようになればいじめられることも回避できるはずです。子ども自身に決めさせてみて、季節感やバランスについて相談に乗ってやれることが望ましいでしょう。加えて、着こなしがだらしなくなり、ズボンの裾が切れたり汚れが極端にひどくなってきたら何かのサインを送っていると考えることです。

[94]……習い事は、一生の財産になるものを

最近、中学校や高等学校で職業教育の一環として職場体験学習が盛んに行われています。小学校でも実践しているところもあるようで、これは、場当たり的なイベント学習でなければ、大変意義深いことだと思います。ニートやフリーターの増加が社会問題となっている昨今、次代を担う子どもたちの就労意欲を高めることは、大人社会全体で取り組まねばならない重要な課題であるからです。私は、「よい学校を出て、よい会社に入れば幸せになれる」という肩書き優先の思想が瓦解し、実力と人物重視の活気溢れる社会が実現することを切に願っています。

私は、小学校時代には書道教室や絵画教室、野球チーム、学習塾、そして、クリスチャンで

もないのに教会の「日曜学校」にまで通いました。だから、放課後や休日に退屈したことがありません。貧しい母子家庭にもかかわらず、やっとの思いで月謝を捻出してくれた母の苦労には、今も頭が下がります。これらの習い事での経験は、教職に就いても直接的に役に立っていますし、教会に出入りした経験は宗教の多様性と慈しみ深く他を尊重する精神を育ませてくれました。

習い事は、子どもにとっては最初にできる可能性無限の職業教育と言えます。子どもたちには、点数で現実の厳しさを知らしめるよりも、一生の財産になるかもしれない多様な経験をさせるべきではないでしょうか。子どもの頃に習ったことがきっかけで、輝かしい人生のチャンスをつかみ、大成功を収めた人も少なくないのです。

「子を持って知る親の恩」と言いますが、これは将来わが子に実感してもらいたい素晴らしい言葉です。

[95]……子どもの成長は、親の呼び方でわかる

子どもたちの言葉遣いが年々悪くなってきています。「クソババア」「クソジジイ」「きもい」「うざい」などは日常会話の中で当たり前に使われるようになり、さらに気になるのは、「死ね」とか「地獄に堕ちろ」などの背筋が凍るような言葉を悪びれもせず平然と連発する子どもたち

の多いことです。これらは、幼児期の大切な言語獲得期に、テレビや漫画が影響していたであろうことは容易に想像できますが、子どもたちに範を示すべき大人の言葉遣いの悪さも一層拍車をかけているような気がしてなりません。学校は社会の縮図であり、子どもたちの言語環境の悪化はいじめや学級崩壊の前兆です。友だち同士の会話と先生など目上の人への言葉に区別をつけることや状況をわきまえて言葉を使い分けできるようにすることは家庭教育の大切な責務のはずです。

小学校高学年の子どもでも、他人に対して自分の親を「父」「母」と話せる子は二割もいません。三世代家族が少なくなっていることもあり「祖父母」となると、ほとんどいないのが現状です。これは学校で習うものではなく、親の会話を耳にし自然に学び取るものです。毎日の会話や電話の応対の有様が子どもにとっては貴重な生きた教材です。よい言葉遣いは、親が地道に取り組めば子どもも自然に習得できるものです。学校で指導しようとすると、二倍も三倍ものエネルギーを費やすことが必要となるでしょう。

［96］……公衆（共）の場のモラルは徹底させよう

社会全体の規範意識の低下は、子どもの生活にも大きな変化をもたらしています。親が当たり前のようにしている行為は、子どもにとってみればローカルルールとして大義名分をもらったようなものになります。「お母さんがよいと言っていた」と子どもがもらす一言は、教師に戸惑いと躊躇を与えてしまいます。つまり世の中の常識が通用しない、「悪いことだと思っていない」子どもたちを急増させています。

信号無視や自転車の二人乗り、ゴミのポイ捨てや立小便、痰やツバの吐き捨て、電車や病院などでの大声の会話や携帯電話を平然と掛ける親。お年寄りや妊婦をいたわるどころか、わが子を優先する親。そんな親を子どもがみれば、身勝手な人間になってしまうのは当然といえましょう。

落書きや有害掲示物が溢れる街、放置自動車にゴミの山、居酒屋で夜更けまで子どもを連れ回したり、塾帰りの子どもにまで風俗店のティッシュを渡したりする大人たち。社会全体のたががゆるみ無法地帯と化している気がしてなりません。

福島県の会津地方には「ならぬものはならぬ、教えよ幼子から」という看板が随所に見られます。会津藩校「日新館」の教えに端を発する教育スローガンのようで、「ならぬもの」つまり「人として許されないこと」は殺伐とした社会の渦の中で損得勘定優先の大人たちによって確実に減少させられてしまいました。「白虎隊」の純粋性の裏に、「強い親」の姿が見え隠れする思いです。

[97]……子どもの持ち物を必ず確認しよう

「うちの子に限って」とは、一昔前にわが子の実態を知らずに過大評価する親が、言い訳の枕詞として使った言葉です。親バカの代名詞として使われていたようですが、最近ではどんな子どもでも問題行動を引き起こす可能性が拡大したこともあって、死語となりつつあります。逆に言うと、「うちの子に限って」と自信を持って言えるほど厳格に家庭教育をする親がいなくなったからかもしれません。

担任には、時折子どもが「万引き」したという連絡が商店主から入ります。このような場合、直接親に連絡して解決することが望ましいのですが、一端学校を経由することが多いようです。以前、万引きの多発に困り、店を閉めることまで考えているという書店の店主から聞いたのですが、最初のうちは、親に連絡をして穏便に済ませようとしたが、「うちの子に限って」や「お金を払えばすむことでしょ」と平然と話す親の対応に呆れ果て、警察ではなく、直接学校に連絡をして社会的制裁を与えようと思うようになったとのことを話してくれました。

その時担任していたクラスで、「万引きしてまで欲しいものがあるなら、私がお金を貸してあげる」と子どもたちに諭したら、その後卒業まで万引きの連絡はなくなりました。こんなことは、本来親がすることであると、自分も親になってつくづく感じています。

わが子を疑うことは辛いことですが、子どもが見慣れない物を持っているようなら、絶対にそのままにせず、「どうしたのか」という聴き方から入り、納得いくまで問いただしてください。万が一「万引き」だとしたら、「癖にしては大変」と戒めて、「万引き」は窃盗罪で処罰を受けなければならないものであることを力説してください。

［98］……タバコ、エロ本、避妊具に堂々と対応しよう

「タバコ、エロ本、避妊具が子ども部屋からみつかるようなことは、一昔前では、高校生を持つ親が経験することでしたが、最近では中学生や小学校高学年の子どもを持つ親も経験するようになりました。これは、小学生がオヤジ狩りや援助交際をするような時代ですから、当然予想されることではあります。

性教育も同様ですが、親も「いつか来た道」なのに、いざ自分が、子ども部屋からタバコ、エロ本、避妊具をみつけると、冷静さを欠きびくびくしてしまいます。自分には全く喫煙や異性への関心などがなかったかのように、気丈で立派な親を演じようとする人がいます。母親ならば息子の変化に動揺を隠せないことは性差という点からも理解できます。しかし、父親なら自らも思い当たることでしょう。それだけに、当然の変化なのです。父親と娘の関係も同じことが言え、化粧や服装、異性との付き合いなど母親も一人の人間として、同じことをくぐり抜

けた先輩です。

大切なことは、親自身の子どもの頃を思い出し、その時親がどういう対応をしたかを一つの指標にすることです。私も高校生の頃、部屋に隠してあったタバコをみつけられた時、母は私の机の上の目立つ所に置き、それから二、三日口をきいてくれなかったことを覚えています。厳しく叱られることを覚悟していたのですが、何も言わずに辛そうにしている母の顔をみることの方が深く応えました。

先のようなことへの対処の仕方は、親子関係の成熟度によって様々でしょうが、「ついにその時が来たか」と堂々と構え、よき理解者である先輩のような接し方で乗り切ることだと思います。必要以上に動揺し、興奮して捲し立ててしまうことは得策ではありません。

[99]……部活動で克己心を育てよう

中学校や小学校では、十三万人近い児童生徒が不登校となり、高校では、年間八万人もの生徒が中途退学しています。これは、いじめなど特別な事情がある子のケースを除けば、若者や子どもの根気や気力のなさが浮き彫りになっているとも言える数字です。

「ほめて育てる」教育の中で育った子どもたちが親になり、「厳しく叱る」ことなく子どもを育ててきました。厳しさに耐え抜いた経験のない子どもは、荒波にぶつかると脆くも砕け散り、再生不能のダメージを受けてしまいます。どうしてこんなに脆弱になってしまったのでしょうか。人間に「耐性」はなくなってしまうのでしょうか。

どんな苦労も惜しまず、逆境に耐え抜く「克己心」をテーマとした「スポ根ドラマ」は、時代遅れと揶揄され、全く姿を消してしまいました。中学校や高校でも部活動離れの傾向が顕著で、団体競技などでは部員数の減少で複数校の合同チームでの大会参加を認めるという特例措置がとられたりしています。このことは、スポーツをこよなく愛する私にとっては、残念でなりません。

大人になって思い返せば、部活動の思い出が一生の財産となっている人も少なくないことでしょう。同好の者が集い、強固な人間関係に結ばれ、己やチームのために切磋琢磨することこそ、今の時代が求めている「強靭な人間力」の礎となります。部活動は、高価な月謝のいらない「人間養成塾」なのです。この時期にこそ、「継続は力なり」を信じ、子どもを部活動に没頭させましょう。

[100]……小六、中二の夏が登竜門の訳

「こたにがわ学園」は夏をむかえるとスタッフ全員に緊張がはしります。それは様々な状況を抱え、わが学園で自立を目指そうとする子どもたちとは言え、多感な年頃だからです。アル

バイトに汗を流し懸命に努力するものの、学生の友だちはみな夏休みに入り、彼らからの誘惑も少なくありません。だから、無断外泊や家出騒ぎがあるたびに、私たちスタッフは一晩中眠れないことも少なくありません。

小、中学生も夏休みに入ると一気に解放感に浸ります。特に小学校六年生と中学校二年生は、この時期に生活が乱れ、非行に走ることも少なくありません。最近では二十四時間営業のコンビニエンスストアが至る所にあり、深夜徘徊の格好のたまり場となっています。夏祭りや盆踊りにかこつけては、夜遊びのスリルを満喫する子どももいます。

中二の場合、部活動に夢中になっている生徒ならば先輩が引退した後、新チームの中心選手となることもあって、学校に赴きますが、いわゆる帰宅部の生徒は暇な時間をもて遊び、時として昼夜逆転の生活へと転落してしまいます。小六は部活動などの拠り所がないために、適当な理由をつけては悪い相談のためたまり場へ集合するようになります。

夏休みは、「教育の主体を学校から家庭に返す」ことに大きな意義があります。親も仕事でなかなか構ってやれないとは思いますが、各家庭では大きなテーマを掲げて何かに取り組んでほしいものです。例えば、「家族で自転車野宿の旅」などをすることは、お金をかけなくても子どもにとっては一生忘れることのできない貴重な体験をさせることができるでしょう。

第6学年1組

体育科（総合的な学習）学習指導案

指導者 松戸市旭町小学校
教諭 小谷川 元一

1．単元名　体育科　ボール運動「バスケットボール」
総合的な学習「6-1バスケットグランドナンバー1決定戦」を成功させよう!
【スポーツ教育モデル】

2．単元の指導にあたって

(1)児童の実態と学級経営の経過

本学級の児童は、男子と女子が好対照で、男子は個性が強く活気があり何事にも夢中になり取り組むことができる。しかし、規律を守り整然と行動することが苦手でトラブルも多い。一方女子は何事にも黙々とまじめに取り組むことができる。反面少々活気に欠け、おとなしく自己表現がなかなかできない。そのため悩みを内面にためてしまう傾向もあり、友人関係が円満に保てない児童も存在する。

本学級は、5年生の後半、学級経営が正常な状態で機能しなかった。

そのため、6年では「清潔な環境で、誠実に行動し、成功の扉を開こう。」という学級目標を掲げ、落ち着いた空間で秩序を守り、誠実に様々な活動を成し遂げ、自己表現を図ることや、円満な人間関係の構築に向けて努力を重ねているところである。以下、意図的な取り組みのもとで、成果の上がった事項について、体育的活動を中心に時系列にまとめてみた。

4月	「体ほぐしの運動」により、グループでの協力が必要不可欠な場面を多く設定し、男女の距離が近づいた。
4月	「万歩計」を携帯し、「運動と健康のチェックカード」を毎日記入することで、運動や健康な生活についての意識が高まった。(6月より6年全体の取り組みに)
5月	「リレー」の学習で、教師の呟きとグループの仲間関係により、不登校児童に改善の兆候が現れた。
5～6月	松戸市球技大会のサッカーに於いて、ファインプレーやファインセーブの連続による奇跡的な勝利を収め、達成感や努力の大切さを学んだ。
6月	「ソフトボール」の学習で、男子が女子の技能向上のために優しく教える場面が数多くみられた。
6～7月	「水泳」の学習でハンドサインのみの学習を試みたことで、集中力が徐々に向上し、整然と学習する姿が出現した。
7～8月	8日間の「夏休み自由教室」を開催し、個々の児童との会話を継続したことで友好な関係を持続することができた。(一日平均1/3程度参加)
9月	運動会の組体操で「沈黙と集中が語りかけるもの」と題するサイレントの演出を試み、日に日に児童の表情、練習に取り組む姿勢、集中力に変化が見られた。
9～10月	松戸市体育大会で大活躍し、選手の達成感と応援の一体感を体験した。 (陸上部17名、内選手9名、大会新記録を含む入賞者2名)
10～11月	スポーツ教育モデル「6-1バスケットグランドナンバー1決定戦」を児童自ら企画・運営・演出し生涯スポーツの素地づくりやグループの連帯感を高めさせる。
11～12月	「42.195km全員リレー」で世界最高記録をめざし、学級全員の一体感を体感させる。

⑵グループ編成と役割分担

【男子17名　女子15名　合計32名】

レインボーリーグ(白)				ファイヤーリーグ(赤)			
パワフルデスウォータースターズ(青)		ファニーチルドレン(黄)		リーフグリーン(緑)		ドラゴンレッドソックス(赤)	
1班	2班	3班	4班	5班	6班	7班	8班
A君(C)	Eさん(演)	I君(企)	Mさん(演)	a君(審)	eさん(用)	i君(用)	mさん(企)
B君(企)	F君(審)	J君(C)	N君(企)	b君(企)	fさん(C)	j君(審)	n君(演)
Cさん(C)	G君(企)	Kさん(C)	O君(審)	cさん(企)	g君(C)	kさん(企)	oさん(C)
Dさん(演)	Hさん(用)	Lさん(演)	P君(用)	dさん(演)	h君(演)	lさん(演)	p君(C)

（審）審判係　（用）計時・用具係　（企）企画係　（演）演出係　（C）キャプテン
＿＿＿は大会実行委員長、審判長、運営委員長、演出責任者

⑶単元構成の基本構想〔単元観〕

本単元は、体育のボール運動の学習と総合的な学習を統合させ、「6-1バスケットグランドナンバー1決定戦」という大会を児童自らが企画・運営・演出するスポーツ教育モデルという形で構成している。

【スポーツ教育モデル】とは、生涯スポーツの素地づくりの観点から体育を教育活動全体で包含するという日本では比較的新しい取り組みである。従来ならば体育の学習の中だけでオリエンテーションから大会までを単元に組み入れ、長い時間を費やしてきた。しかし、授業時間削減の中、他領域とのバランスを考えるとボール運動に長時間をかけることは問題がある。そこで、企画や演出等の児童の自治的活動は総合的な学習で取り組むこととし、体育の学習では運動技能の向上を中核においた学習を展開したい。

⑷指導にあたって〔指導観〕

児童の実態にも記したように、好対照な男女の様態は運動面においても顕著である。活気溢れる男子に対し、おとなしい女子は運動に対する姿勢も消極的であり、技能が劣る児童が多い。しかし、本単元の取り組みでは、全員がその特性に応じた活躍が可能である。「パソコンでいろいろ調べることが得意な子」「絵や裁縫などが得意な子」が目を輝かせながら自分の役割に邁進する姿が見られる。生涯スポーツを楽しむことは、優秀なプレーヤーにのみ与えられているものではなく、それぞれの立場の者が多様な方法でスポーツに触れることであることを、本単元に夢中になって取り組む児童の姿を見て再確認した。

さらに本年度６学年では、「激動の社会を力強く生き生きと生活してほしい」という願いから、学年研修の一環として卒業までに身につけさせたい基礎学力『20の指標』という項目を精査し、具体的に取り組んでいる。(別紙参照)『20の指標』の内の4項目は体育的内容であり、今後全校で取り組もうとしている『旭っ子 卒業までにこれだけは（スポーツ編)』(別紙参照）の10の項目と併せて、毎時間の体育の５分程度を与えて、挑戦学習を試みている。

有り余るエネルギーと自己抑制の苦手な子どもたちも多く、勝敗を巡るトラブルやチーム内の内紛は容易に想像できるが、一つ一つの事態を子どもたちがどう乗り切るかという視点も大切に指導にあたりたい。

⑸単元の目標

【体育】

●各自の役割を遂行するとともに、チームで協力し、支え合い、高め合いながら学習できる。

●作戦や練習方法を考え、常に創意工夫を忘れずチームの勝利に向けた取り組みができる。

●個々の技能やチームの総合力を高めることができる。

【総合】

●「6-1バスケットグランドナンバー1決定戦」に企画・運営・演出のそれぞれの役割で参画し、大会を成功させるというプロセスの中で実践力を高めることができる。

3．単元計画（総時数12時間　体育6時間　総合的な学習6時間）

回	日・校持	教科	時数	学習内容
1	10/7㈮ ⑤	総合	1	●大会開催趣旨説明●役割分担●チーム会議●役割会議
2	10/12㈬ ④	体育	1	●スキルアップ学習●チーム練習●ためしのゲーム
3	10/14㈮ ⑤	総合	2	●大会要項説明会●ルール説明会●チーム会議●役割会議
4	10/21㈮ ⑥	体育	2	●スキルアップ学習●チーム練習●兄弟チーム練習試合
5	10/26㈬ ⑤	体育	3	●スキルアップ学習●チーム練習●兄弟チーム練習試合
6	10/31㈪ ④	総合	3	●役割会議 準備●チーム会議
7	10/31㈪ ⑤	体育	4	●スキルアップ学習●チーム練習●大会第1試合
8	11/1㈫ ⑤千教研	体育	5	●スキルアップ学習●チーム練習●大会第2試合
9	11/2㈬ ⑤校内研	体育	6	●スキルアップ学習●チーム練習●大会第3試合
10	11/11㈮ ④	総合	4	●大会準備●チーム会議
11	11/11㈮ ⑤	総合	5	6-1バスケットグランドナンバー1決定戦［保護者参観可］
12	11/11㈮ ⑥	総合	6	

4．本時の指導（総時数8/12　体育5/6）

⑴目標

●チームでの各自の役割をしっかりとやり遂げながら学習できる。

●チームの課題に応じた作戦や練習方法を考え、チームの勝利に向けた取り組みができる。

●個々の児童やチームの技能を高めることができる。

⑵展開

時配	学習の流れ	指導上の留意点	教師の動き	個別対応の配慮点
2	●学習の準備をする。 ①健康観察をする。 ②準備運動をする。	●事前の分担が完了しているか声をかける。 ●顔色や発汗量の観察や服装等の確認をする。 ●使う部位の可動性を高めさせる。	一斉指導 【M】	①②の用具準備 Aの体調 Bの怪我の様子
5	スキルアップ学習 ●『20の指標』や『旭っ子　卒業までにこれだけは（スポーツ編）』に挑戦する	●各自の目標に向かって何度も挑戦させる。 【チェックカード】	個別指導 【R】	③の意欲化 ④⑤の跳び箱 ⑥の縄跳び C⑦⑧の倒立 DE⑨のマット

8	バスケットボール チームの勝利をめざして努力しよう ●練習方法を確認する。	●めあてを確認し意欲化を図る。 ●事前に考えた練習方法を確認する。	一斉指導【M】 チーム指導【R】	FGのリーダーシップ
	●チーム毎に練習する。	●練習内容が的確であるかチーム毎にアドバイスを与える。 ●チームワークよく練習に励んでいるか観察する。	一斉指導【M】 チーム指導【R】	HI⑩の技能の伸び ⑪の練習への意欲
25	●作戦を立てる。	●前半の作戦を立てさせ、士気を高めさせる。	チーム指導【R】	Jの協力の姿勢
	●公式戦2試合の前半を行う。 [第1試合] 黄対赤 [第2試合] 緑対青	●それぞれの役割を確実に遂行させる。 ●応援の態度についても評価する。	個別指導【M】	Kの審判 L⑫⑬の役割の遂行 ドラゴンレッドソックスの頑張り
	●後半戦に向けた作戦を立てる。	●前半の反省をもとに後半の作戦を立てさせる。	チーム指導【R】	⑭のリーダーシップ
	●公式戦2試合の後半を行う。	●最後まであきらめずに試合に集中させる。	個別指導【M】	Mの審判 ⑮の応援
5	●チーム毎に反省をする。	●勝敗のみの反省に偏ることなく、練習方法や応援の取り組みについても反省させる。 ●敗戦チームを中心にフォローする。	チーム指導【R】	NOの勝敗に対するスポーツマンシップ
	●まとめをする。 ①結果を発表する。 ②キャプテンが感想を発表する。 ③MVP(T)を発表する。 ④学習を振り返る。 ⑤次時の学習を知る。 ⑥整理運動をする。 ⑦健康観察をする。	●勝因や敗因について具体的に発表させる。 ●本時で一番努力した子や結束していたチームを賞賛する。 ●学習全体を振り返り評価する。 ●第3戦に意欲を持たせる。 ●使用部位をほぐすとともに心拍数を正常値に戻す。 ●体調を崩していないか、怪我をしていないか観察する。	一斉指導【M】	地道に努力していた児童へのフォロー Pの怪我 Qの喘息

おわりに

二〇〇六年二月、教え子のK子さんが「こたにがわ学園」にバレンタインデーのチョコレートを届けてくれました。留守にしていた私は、その夜K子さんにお礼の電話を入れました。数年前、K子さんからは、ツーショットの結婚報告の賀状をもらっていましたので、てっきり幸せな日々を送っているものと想像をしていたのですが、離婚をしていました。それも大変複雑な事情があったそうで、仕方のない結論だったそうです。K子さんは、「何年か経って気持ちが変わっていなかったら再婚しようと、彼と約束しているのです」と力強く語ってくれました。そして、私が身寄りのない子や虐待を受ける子の学園を設立したことを同級生から聞き、わざわざ尋ねてくれたということでした。

K子さんは、高校生の時に両親が離婚し、父母ともに複雑な事情を抱え、K子さんとその弟の養育ができませんでした。K子さんと弟はアパートを借りて二人で生活することを余儀なくされたのです。当時、私もK子姉弟のアパート探しや引っ越しを手伝いましたが、どんな事情があるにせよ、高校生に部屋を貸してくれるところはなく、大変苦労したことを覚えています。私は、「K子さんのような子ほど、温かい家庭を築いてほしい」と願っていたのですが、運命はあまりにも残酷でした。

でも、K子さんとの電話を切った後、「きっと、K子さんのような生い立ちだからこそ、同じような境遇の子どもたちへの思いやりから、チョコレートを届けてくれたのだろう」と思い、学園の子どもたちみんなで、少しずつのチョコレートを頬張りました。幸せな人ほど、その幸せを当たり前のように感じ、辛い立場にある人ほど他人の痛みがわかり優しくなれる。そんなことを教え子のK子さんから教えてもらいました。教え子から、結婚や二世誕生の報告を受けることも教師冥利に尽きることですが、K子さんのように逆境にあってもくじけずに前を見て力強く生きている教え子がいることを、私は何よりの誇りに思います。

私は、これまでの教員生活で三〇四名の卒業生をわがクラスから巣立たせました。途中の学年で受け持った子や授業を担当した子たちを含めれば、その数は十倍、いや二十倍になることでしょう。幸せな子もいる一方、不遇をかこつ子もいることでしょう。私は、「教師として何もしてやれなかった」と日々嘆いています。

執筆の終わりにあたり、こんな私を「先生」と呼んで、純真なまなざしでついてきてくれた全ての教え子に、まず初めに感謝の気持ちを伝えたいのです。
「こんな駄目な私を支えてくれて、みんな本当にありがとう」

本書執筆中の数ヶ月の間にも、いじめによる自殺や親の子殺し、理不尽な大人たちによる事件などによって、尊い子どもたちの命が数多く奪われました。これらの報道に接するたびに、教育現場の最前線で仕事をする者として、言い知れぬ思いにさせられました。子どもたちが安心して生きることのできない社会、身勝手極まりない大人たち。いったい、この国はどの方向へ舵を取っているのでしょうか。

時あたかも、教育再生に向けて様々な方面での議論が百出し、一億総教育評論家の様相を呈しています。しかし、子どもの目線や教育現場の緊迫感をしっかりと受け止めて正論を唱える人は少ないのかもしれません。「教育は永遠に評価をされない無償の愛」だと私は考えます。「子どもたちのために、大人は何をしてやれるのか」という謙虚な気持ちで誠実に子どもを見つめていこうと願っています。

浅学菲才な私が、何とか一冊の本をまとめることができたのも、数多くの方々のお導きがあったればこそのことであり、多くの人に対して感謝の気持ちでいっぱいです。人間として教師として、公私ともにご指導くださいました筑波大学副学長　高橋健夫先生をはじめとする諸先輩の先生方。いつも温かく見守ってくださった松戸市立旭町小学校　千葉ちよ子校長先生をはじめとする教職員の皆様。そして、こたにがわ学園のスタッフや会員の皆様に、この場を借りて衷心よりお礼申し上げます。

最後に、大修館書店編集部　綾部健三氏には、本書の企画から刊行に至るまで本当にお世話になりました。改めて感謝申し上げます。

本書が子どもたちの輝かしい未来のために、ほんの少しでもお役に立つことを切に願いながら、筆を擱きます。

平成一九年三月二八日

学園の子どもたちの純真な笑顔に囲まれながら

小谷川　元一

[著者略歴]
小谷川　元一（こたにがわ　もとかず）
教育家（出前授業実践家『命の授業』）
国士舘大学 東京福祉大学 非常勤講師
児童自立援助ホーム こたにがわ学園 理事長
いじめ「0」教育実践研究会 会長
1959年千葉県生まれ
千葉県公立小学校4校に勤務。学級崩壊やいじめの問題の解決に全力を注ぐ。その間、教育委員会指導主事、公立幼稚園副園長を歴任。2007年3月、25年間にわたる公立学校教諭を退職、東京福祉大学で教員養成にあたる。
2004年7月には、特定非営利活動法人「誠心会」児童自立援助ホーム「こたにがわ学園」を設立して、身寄りのないことや親からの虐待を受ける児童の自立を支援している。2010年10月には、北海道の廃校となった小学校を買い取り「新冠こたにがわ学園」を併設し活動の幅を拡げている。さらに、ライフワークであるいじめ自殺防止のため、2015年に、いじめ「0」教育実践研究会を発足し、いじめ防止教育の一環として「命の授業」の出前授業や幼児児童の潜在能力発見による克己心や耐性の醸成のために奔走している。
〈連絡先〉〒270-0021　千葉県松戸市小金原9-18-15　こたにがわ学園
E-mail　m.3448.kotanigawa@yahoo.ne.jp
TEL　090-3593-0267

教師《きょうし》と親《おや》の「共育《きょういく》」で防《ふせ》ぐ　いじめ・学級崩壊《がっきゅうほうかい》
©Motokazu Kotanigawa 2007
NDC375　248p　19cm

初版第1刷――2007年5月20日
第2刷――2018年9月 1日
著者――小谷川《こたにがわ》　元一《もとかず》
発行者――鈴木一行
発行所――株式会社 大修館書店
〒113-8541　東京都文京区湯島2-1-1
電話03-3868-2651（販売部）03-3868-2298（編集部）
振替00190-7-40504
［出版情報］https://www.taishukan.co.jp

装丁者――石山智博
本文組版――有限会社 秋葉正紀事務所
印刷――横山印刷（株）
製本――ブロケード

ISBN 978-4-469-26635-1　Printed in Japan
Ⓡ本書のコピー、スキャン、デジタル化等の無断複製は著作権法上での例外を除き禁じられています。本書を代行業者等の第三者に依頼してスキャンやデジタル化することは、たとえ個人や家庭内での利用であっても著作権法上認められておりません。